SV

Marcel Proust

DER GEHEIMNISVOLLE BRIEFSCHREIBER

Frühe Erzählungen

Gefolgt von
An den Quellen von
Auf der Suche nach der verlorenen Zeit
von Luc Fraisse
Transkription der Texte,
mit Anmerkungen und Einleitung
versehen von Luc Fraisse

Aus dem Französischen
von Bernd Schwibs

Suhrkamp Verlag

Titel der Originalausgabe:
Le Mystérieux Correspondant et autres nouvelles inédites.

Die Übersetzung und Edition der vorliegenden Ausgabe wurde
von der Brougier-Seisser-Cleve-Werhahn-Stiftung gefördert.

BSCW
Stiftung
Brougier-Seisser-Cleve-Werhahn-Stiftung

Erste Auflage 2021

Schuber- und Einbandgestaltung:
Schimmelpenninck.Gestaltung, Berlin
Satz: Dörlemann Satz, Lemförde
Druck: CPI books GmbH, Leck
Printed in Germany
ISBN 978-3-518-42972-3

DER GEHEIMNISVOLLE BRIEFSCHREIBER

VORBEMERKUNG

des Verlegers der Éditions de Fallois

Bernard de Fallois hatte die ausdrückliche Absicht, das gesamte Archivmaterial, das er im Rahmen seiner persönlichen Arbeiten zur Genese von *À la recherche du temps perdu* gesammelt hatte, der Forschung zur Verfügung zu stellen.

Es ging ihm dabei nicht zuletzt darum zu vermeiden, dass es nach seinem Tod in irgendeinem Auktionssaal verstreut würde, und darum, Prousts Werk noch umfassender bekanntzumachen.

Die vorliegende Veröffentlichung entspricht mithin ganz seinem Willen.

EINFÜHRUNG

von Luc Fraisse
Professor an der Universität Straßburg

Es kommt sicher nicht oft vor, dass Erzählungen von Marcel Proust ausgegraben werden, von denen niemand je gehört hat.

1978 veröffentlichte der Verlag Gallimard in einer Einzelausgabe den Roman *L'Indifférent* (*Der Gleichgültige*). Der Herausgeber von Prousts *Correspondance*, Philip Kolb, war durch Briefe auf eine Zeitschrift vom Ende des 19. Jahrhunderts aufmerksam geworden, wo der Text publiziert und dann vergessen wurde, zumindest von den Lesern, denn der Autor selbst erinnerte sich genau daran, als er sehr viel später »Eine Liebe Swanns« verfasste, den zweiten Teil des ersten Bands der *Suche nach der verlorenen Zeit, Unterwegs zu Swann*.

Der vorliegende Fall ist noch spezieller, handelt es sich doch um eine Reihe von Erzählungen, die zur selben Zeit wie *Der Gleichgültige*, der Zeit von *Les Plaisirs et les Jours* (*Freuden und Tage*), geschrieben, aber nicht veröffentlicht wurden:[1] Deren Manuskripte, Entwürfe, hatte Proust in seinen Archiven unter Verschluss gehalten und, soweit wir wissen, niemandem davon berichtet.

Was also enthalten diese Erzählungen? Warum hat er mit niemandem darüber gesprochen? Und, grundsätzlicher, warum hat er sie überhaupt geschrieben?

1 Mit Ausnahme von »Erinnerungen eines Hauptmanns«: siehe weiter unten die Einführung in diese Erzählung, bei der das Manuskript herangezogen wurde und die in dieser Form erstmals vorgestellt wird.

Auch wenn nicht alle Rätsel endgültig gelöst werden können, kommen wir ihrem Verständnis einen großen Schritt näher, wenn wir die Themen betrachten, die in ihnen verhandelt werden: in allen diesen Texten geht es um Homosexualität. Einige transponieren das Problem, das Proust umtreibt, in die weibliche Homosexualität. Bei anderen findet keine Transposition statt. Der junge Autor dieser allzu deutlichen, in dieser Zeit wohl zu skandalträchtigen Texte zog es vor, sie geheim zu halten. Doch war es ihm ein Bedürfnis gewesen, sie zu schreiben. Sie bilden, nahezu vor aller Augen, das intime Tagebuch, das der Schriftsteller niemandem anvertraute.

Was in der Epoche Prousts in seiner Familie, in der Gesellschaft, einen Skandal auslösen konnte, das war die bloße Tatsache der Homosexualität. Denn diese Erzählungen beinhalten nichts Schlüpfriges, nichts, was Voyeurismus provozieren könnte. Sie vertiefen, wie zu sehen sein wird, auf höchst variantenreiche Weise das seelische und moralische Problem der Homosexualität. Sie exponieren eine wesentlich auf das Leiden fokussierte seelische Verfassung. Sie dringen nicht in die Intimität von Proust ein; sie machen eine menschliche Erfahrung verständlich.

Die Texte stammen aus den Archiven des im Januar 2018 verstorbenen Bernard de Fallois. Einige historische Erläuterungen sind notwendig, um zu erhellen, warum sie so lange auf eine Veröffentlichung warten mussten und in welchem Kontext Proust sie geschrieben oder entworfen und sie dann endgültig den Blicken des Publikums und sogar seiner näheren Umgebung entzogen hat.

*

Lange Zeit herrschte, was Prousts literarischen Werdegang betrifft, die – heute überholte – Auffassung, es habe in seinem Leben zwei deutlich voneinander abgrenzbare Phasen gegeben: eine in den mondänen Salons verbrachte Jugend mit der Blume im Knopfloch; dann eine Reifezeit mit der besessenen Erarbeitung eines großen Werks, dessen Fertigstellung er zum Zeitpunkt seines Todes mit einundfünfzig Jahren gerade noch von fern undeutlich hatte erahnen können.

Marcel Proust, Verfasser von *À la recherche du temps perdu*, diesem Monument der französischen Literatur, diesem Werk des Kulturerbes. Die Zeitgenossen hatten es mit der sukzessiven Auslieferung der letzten Bände, spätestens 1927, begriffen. Doch die ganze Spannbreite des Romanzyklus zu würdigen, der zu umfangreich und zu reichhaltig war, um ihn sofort zu erfassen, blieb auf später verschoben. Wie auch immer, sein Autor war bei der Arbeit gestorben, im selben Alter wie Balzac und ein wenig aus denselben Gründen. Hatte er nicht, wie übrigens auch der Held der *Suche nach der verlorenen Zeit* bis zur *Wiedergefundenen Zeit*, unbedacht den Anfang seines körperlichen Verfalls abgewartet, bis er sich an dieses übermenschliche literarische Unternehmen machte?

Marcel Prousts Œuvre ohne die *Recherche*, woraus hätte das bestanden? Aus einem kleinen Jugendwerk, *Les Plaisirs et les Jours*, Ende des 19. Jahrhunderts erschienen und den Leser dazu einladend, die Seite zum 20. Jahrhundert umzublättern, um auf einen Schlag das literarische Genie des großen Werks erscheinen zu sehen. Aus Übersetzungen von Ruskin, nicht ohne Beziehungen zum kommenden Meisterwerk, weil zentriert auf die Kathedralen und auf das Lesen. Sonst nichts. Ein disparates Buch, ein Übersetzer und Schriftsteller.

Genau um die Mitte des 20. Jahrhunderts beginnt der Wind sich zu drehen. André Maurois veröffentlicht bei Hachette 1949 ein Buch *À la recherche de Marcel Proust* (*Auf der Suche nach Marcel Proust*), das die Atmosphäre erahnen lässt, in der sich die Entwicklung des Schriftstellers bis hin zum großen Œuvre vollzogen hat. Der Biograph entnimmt dem Briefwechsel Informationen, die nahelegen, dieser angeblich wie durch ein Wunder in letzter Minute für die Literatur Geheilte sei schon immer und ständig bestrebt gewesen zu schreiben. Maurois begegnet einem jungen Wissenschaftler, Bernard de Fallois, der gern über Proust promovieren würde, und im Kielwasser seiner eigenen Forschungen führt er ihn bei der Nichte des Schriftstellers, Suzy Mante-Proust, ein, die, wie ihr verstorbener Vater, sich dem Nachleben von Marcel Proust widmet.

Noch bevor er die Familienarchive sichtet und später die einschlägigen Auktionskataloge durchstöbert, ist Bernard de Fallois skeptisch, dass aus einer rein müßiggängerisch verbrachten Jugend heraus auf einen Schlag ein Monument der Literatur entstehen kann – auch wenn diese These zu seiner Zeit allgemein anerkannt ist. Bereits die Produktionen vor der *Recherche* sollten in ihrer Geltung nicht etwa geschmälert werden, sondern deuten für den, der Gespür für schöpferische Anlagen hat, eine stete Progression des literarischen Schaffens an und lassen vermuten, dass der regelmäßige Gast der mondänen Salons keineswegs Charles Swann ähnelt, sondern sich immer wieder dahingehend befragt, was er schreiben könnte.

In diesem Licht erscheinen die Schriften vor der *Recherche*, von *Les Plaisirs et les Jours* (1896) bis zur Übersetzung von *La Bible d'Amiens* (1904) und *Sésame et les lys* (1906) von John Ruskin, keineswegs als die Schlacken des großen Werks, sondern bergen vielmehr eine Fülle literarischer Experimente. Es sind Laboratorien, in denen die Texte gleichsam wie schmelzende Materie brodeln. Nun liegen ihre Entstehungsdaten zu weit auseinander, als dass man sich vorstellen könnte, der künftige Schriftsteller habe seine Forschungen, seine Fragen unterbrochen und die Wiederaufnahme Jahr für Jahr verschoben, bis sich einmal Gelegenheit dazu bot. Zwischen den bekanntgewordenen Niederschriften herrscht Leere. Eine Leere, die aber sicher nicht der Untätigkeit des Schöpfers geschuldet ist, sondern unserer Unkenntnis.

Hier nun kommen aus den Archiven der Familie Proust (sie werden der Nationalbibliothek erst 1962 übergeben) unter den Händen dieses mit den Methoden und der Beharrlichkeit eines

Archivars ausgestatteten Forschers immer mehr unbekannte Papiere ans Licht. Ein großer Roman in Einzelteilen, paradoxerweise in der dritten Person erzählt, obwohl er doch an die Biographie des Autors so eng angelehnt ist, dass die Seiten sich entsprechend der Lebenschronologie der Figur, *Jean Santeuil*, die dem Ganzen seinen Titel gibt, ordnen lassen. Dieser wiederhergestellte große Roman erscheint 1952 bei Gallimard mit einem Vorwort von André Maurois. Briefe und Papiere im Umfeld zeigen, dass er im Wesentlichen zwischen 1895 und 1899 verfasst wurde. Weit davon entfernt, in Untätigkeit zu verfallen, hatte Proust sich also an einen großen Roman gemacht, noch bevor *Les Plaisirs et les Jours* erschienen war. Und er hatte offenbar ohne Unterbrechung geschrieben, denn der Roman, auf liniertem, gekennzeichnetem Papier, ist sehr umfangreich, wenn auch unvollendet.

Das ist also die Brücke zwischen *Les Plaisirs et les Jours* und John Ruskin. Aber da tauchen weitere Papiere, weitere *Cahiers* auf. Sie stehen an der Schwelle zur *Recherche*, um 1908 herum, und enthüllen, dass dieser Romanzyklus zur selben Zeit in Angriff genommen wurde wie ein Essay, der, polemisch, aber philosophisch wohlüberlegt argumentierend, gegen die biographische Methode von Sainte-Beuve gerichtet ist. Proust überlegt zuweilen, den Essay aus den Entwürfen herauszunehmen und separat zu veröffentlichen. Aber tatsächlich handelt es sich bei diesen Skizzen um weitaus mehr: um einen Essay und einen Roman zugleich.

Dieses hybride Objekt bringt die Klassifizierungen der Kritik in Verlegenheit – nur nicht Bernard de Fallois. Er hat bereits *Les Plaisirs et les Jours*, dieses vom Publikum wenig geliebte Buch von Proust, weil es nicht die *Recherche* ist und angeblich nur durch den Einband zusammengehalten wird, neu interpretiert als ein ganz im Gegenteil kohärentes, zwar reichhaltiges und vielfältiges, aber doch zusammenhängendes Ganzes, in dem alles notwendig ist, in dem alles in gleichem Maße das vorbereitet, was sich als seine Fortsetzung erweisen wird. So wird denn der Entdecker neuer Bücher von Proust auch nicht durch diesen in einen Roman sich wandelnden literaturtheoretischen Essay aus der Fassung gebracht, in dem sich die nach allen Regeln der Kunst vorgenommene Widerlegung Sainte-Beuves mit Betrachtungen zum Balzac-Bild der Guermantes vermischt.

Dieses durch keine voreingenommenen Leseeindrücke neugeordnete Ensemble bringt er 1954 unter dem Titel heraus, den Proust selbst zuweilen in seinen Briefen jener Zeit angedeutet hatte: *Contre Sainte-Beuve*. Später wird er die Paradoxie hervorheben, die darin lag, dass dieses Pamphlet von Proust gegen die biographische Kritik zu einem Zeitpunkt erschien, als das Jahrhundert sich erneut für Proust zu interessieren begann, und zwar in Hinblick auf seine Biographie! Dabei war es genau der richtige Moment, denn just in diesen Jahren setzte der Niedergang jener Richtung der Literaturgeschichte ein, die die Werke aus dem jeweiligen Umfeld ihrer Autoren (deren Milieus, Lektüren, literarischen Schulen und natürlich all der Begebenheiten und Vorfälle ihres Lebens) zu verstehen versuchte, zugunsten einer Schule, die eine Interpretation des Werks aus sich selbst heraus, aus der ihm inhärenten Struktur forderte. Was für ein Glücksfall, dafür auch noch die Bestätigung Marcel Prousts zu erhalten! Bernard de Fallois springt nicht auf den fahrenden Zug auf, zieht vielmehr aus dem Essay, den er dem Publikum vorgelegt hatte, die entscheidende Lehre. In seinen *Sept conférences sur Marcel Proust* stellt er die Frage: Ist das Leben von Proust denn so interessant? – und verneint sie.

Der Pionier der Proustforschung verfolgt weiter seine Aufgabe – die seine Thèse, seine Doktorarbeit, werden soll. Man ahnt: sollte die Universität sie annehmen, wäre ihr Thema *Die schöpferische Entwicklung Prousts bis zur ›Recherche‹*. Von dieser Thèse, die nie erschienen ist und die de Fallois vermutlich nicht weiterverfolgt hat, nachdem die beiden wichtigen Werke Prousts veröffentlicht waren und ihrem Entdecker die große

Verlagswelt eröffnet hatten, waren zwei Teile ausformuliert und von der intellektuellen Entourage Bernard de Fallois' bereits gelesen worden. Der erste Teil scheint verloren gegangen zu sein, doch bildet der zweite einen völlig eigenständigen Essay, den der Verlag Les Belles-Lettres unter dem Titel *Proust avant Proust* 2019 veröffentlichte. Ein gelehrter Essay, dessen Wissenschaftscharakter durch eine schwungvolle Feder vergessen gemacht wird, so wie eine Thèse idealerweise sein sollte und wie es jene sind, die zu richtigen Büchern werden und nicht veralten. Ein Essay, der in den zwei Generationen, die er im Verborgenen schlummerte, bis er uns jetzt bekanntgemacht wurde, nichts von seiner faszinierenden Originalität und Neuheit verloren hat.

Denn die Einführung in *Les Plaisirs et les Jours* schöpft hier aus jenen umfänglichen Archiven, deren Nuancen der Archivar wie die Register einer Orgel bedient. Wie der Sainte-Beuve-Gegner Proust, und (ein Paradox, das hier nicht verkannt werden darf) wie Sainte-Beuve im Grunde selbst, weiß er, dass die Biographie eines Autors bei der Interpretation seiner Werke nicht unberücksichtigt bleiben darf – allerdings eine innere Biographie, die die klügsten Zeitgenossen Prousts *psychologische Biographie* nannten, wenn man in der scheinbaren Willkürlichkeit des Erlebten die bereichernde Perspektive entstehender Strukturen wahrzunehmen weiß.

Diesen strukturellen Blick wirft Bernard de Fallois auf die in *Les Plaisirs et les Jours* zusammengestellten, scheinbar disparaten Stücke, um darin gegen den Strich ein und dieselbe Suche, ein und denselben schriftstellerischen Versuch auszumachen – das, was man bei einem so jungen Autor als Suche nach seiner Stimme bezeichnen könnte –, eine freilich so schwierige Suche, dass viele verschiedene Wege ausprobiert werden müssen, um einem gemeinsamen Ziel näherzukommen. Übrigens dringt der klarsichtige Kritiker so weit vor, dass er in den Jugendschriften nicht nur das identifiziert, was, wenn auch von fern, die *Recher-*

che du temps perdu ankündigt, sondern auch schriftstellerische Positionen festhält, die in der Folge nie mehr in den Schriften Prousts auszumachen sein werden, wobei dieses *nie mehr*, dieses *ein einziges Mal* weithin Auskunft gibt über die Schaffensvoraussetzungen des zu voller Reife gelangten Proust.

Und während der Essayist über diese dauerhaften Strukturen nachdenkt und zugleich ein Verzeichnis der Archive erstellt und diese ordnet, stößt er, im Umkreis von *Les Plaisirs et les Jours*, auf Manuskriptseiten, die in den Band von 1896 nicht aufgenommen, auch in den Zeitschriften der Epoche nicht erschienen waren, von denen aber einige in den handschriftlichen Inhaltsverzeichnissen, die er vor Augen hat, genannt sind, mit Blick auf das Buch, das Proust zunächst unter Bezug auf den Landsitz von Madame Lemaire im Département Marne, wo mehrere seiner Texte in enger Zusammenarbeit mit Reynaldo Hahn entstanden sind, »Le Château de Réveillon« nennt. Die Stücke darin verschiebt, ergänzt oder streicht er, ein wenig wie Guillaume Apollinaire 1912, als er seinen Gedichtband *Alcools* zusammenstellte.

Diese Prosatexte auf losen Blättern sind Erzählungen. Zur selben Zeit geschrieben wie die uns bekannten, stehen sie logischerweise in Zusammenhang mit diesen. Aber für sich gelesen, so wie es ihr Autor schließlich wollte, als eine Reihe unveröffentlichter Stücke, sprechen sie auch eine ganz eigene Sprache. Ein Teil des Essays von Bernard de Fallois behandelt genau diese Frage. Diesen Teil hat Jean-Claude Casanova in Heft 163 der Zeitschrift *Commentaire* im Herbst 2018 urteilssicher vorveröffentlicht unter dem Titel: »Geheimnis und Geständnis«. Denn darin besteht der entscheidende Zusammenhang. Aber welcher Zusammenhang eigentlich?

*

Die Schriften, die Proust beiseitegelegt hat, als er an der Sammlung *Les Plaisirs et les Jours* arbeitete, zeigen, dass aus dieser

Sammlung ein viel bedeutenderes Buch hätte werden können. Doch wenn dessen junger Autor alle die hier abgedruckten Texte aufgenommen hätte, und zwar in ausgearbeiteter Form, wozu es nicht kam, wäre die Inszenierung der Homosexualität nach und nach zum Hauptthema des Werks geworden. Das hat Proust nicht gewollt, sicher wegen der Enthüllungen über ihn selbst (was sie für uns nicht mehr sind), vielleicht, weil einige Texte mehr für ihn selbst geschrieben als für andere veröffentlicht werden mussten, vielleicht aber auch, weil der Autor in seiner Zusammenstellung eine größere Vielfalt erhalten wollte; letztlich gewiss auch deshalb, weil er an der literarischen Qualität, dem literarischen Erfolg der Texte, die er am Ende verwarf, zweifelte.

Proust, dieser junge Mann und junge Schriftsteller, nähert sich der Homosexualität also unter dem Blickwinkel des Leidens und des Verfluchtseins. Seine Epoche kann dafür nicht in Gänze verantwortlich gemacht werden, steht diese Haltung doch in krassem Gegensatz zu der seines Zeitgenossen André Gide, dieses Hedonisten und Egotisten, der ein derartiges Geständnis nicht mit Proust'scher Tragik umgibt, sondern im Gegenteil mit vitalistischem Glück assoziiert. Daraus ergibt sich ein weiterer Gegensatz, nämlich der zwischen einem der Spannung zwischen Geheimnis und Geständnis ausgesetzten Proust, der sich ein vielfältiges System von Transpositionen ausdenkt, und einem Gide, dem im Gegenteil wichtig ist, *ich* zu sagen, und der nach einem Besuch bei Proust 1921 in seinem Tagebuch notiert: »[A]ls ich ein paar Worte über meine Memoiren sage: ›Sie können alles erzählen‹, ruft er aus, ›aber unter der Bedingung, niemals *Ich* zu sagen!‹ Was nicht mein Fall ist.« (André Gide, *Tagebuch 1903-1922*, herausgegeben von Peter Schnyder, aus dem Französischen übertragen von Maria Schäfer-Rümelin, Frankfurt am Main, Wien: Büchergilde Gutenberg, 1990, S. 671; Übersetzung leicht modifiziert; A. d. Ü.)

Proust wird mithin in einem solchen Kontext nie *Ich* sagen; die in der ersten Person gehaltene Erzählung des Hauptmanns käme allerdings einer direkten und persönlichen Aussage am nächsten. In diesen ausgesonderten Erzählungen wird wie nirgends sonst sichtbar, wie sich eine ganze Folge von Projektionen, von Stellvertreterdiskursen entwickelt: Das Drama spielt sich zwischen zwei Frauen ab (wobei zwar aus der Perspektive der »Unschuldigen« erzählt wird, aber die »Schuldige« bleibt im »Geheimnisvollen Briefschreiber« ebenfalls unschuldig); das Schlüsseldrama der Adoleszenz wird in ein verfrühtes Lebensende transponiert (an den Ursprung einer Apokalypse in ihrer doppelten Bedeutung als Offenbarung des Zeitenendes eines Menschen und als im griechischen Verb *apocalutein* enthaltenen Akt des Enthüllens); der Schmerz über das Schicksal, von dem, den man liebt, nicht wiedergeliebt zu werden, in die Welt der Musik (»Nach der 8. Symphonie von Beethoven«); oder in eine Heldin, die sich zur Krankheit verdammt weiß, aber beschließt, ihre Agonie in Sorglosigkeit zu leben (»Pauline de S.«); oder es nimmt die Form einer Eichkatze an, die immer und überall an der Seite des Leidenden bleibt, ohne Wissen aller anderen (»Das Bewusstsein, sie zu lieben«), nachdem es ein von Resignation umschattetes »Geschenk der Feen« gewesen ist …

Aber die Transposition, die eine so schwere persönliche und affektive Bürde zu tragen hat, ist nicht einfach. Der Erzähler, an den Proust das Erzählen delegiert, verheddert sich. Man wird sehen, wie in »Der geheimnisvolle Briefschreiber« die Rollen von Françoise und Christiane immer wieder verwischt und ausgetauscht werden; das Geschenk der Fee, das darin besteht, das Leiden anzunehmen, um als Gegengabe eine Fülle von Neigungen zu erhalten, wird mehr aus Resignation als aus Überzeugung akzeptiert; das geheime Tier, das sein Leben lang an der Seite dessen bleibt, der weiß, dass er dafür im Gegenzug nicht geliebt werden darf, verschafft dem Subjekt einen Trost, der das Scheitern nicht vergessen macht. Der Widerspruch bleibt unaufgelöst.

Die – im vorliegenden Fall katholische – christliche Moral lastet auf diesen Fragen so unmittelbar wie in der Folge nie mehr.

Was in *Les Plaisirs et les Jours* in ihrer veröffentlichten Form zu lesen ist, verkürzt das religiöse Anliegen zu einer oberflächlichen Note von Mystizismus, mit dem Nimbus dekadenter Fin-de-Siècle-Melancholie. Da sind die ausgesonderten Erzählungen viel entschiedener. Christiane wird an Auszehrung darüber sterben, im Stillen vor Liebe zu ihrer Freundin Françoise gebrannt zu haben. Françoise fragt, ob dem Verlangen Christianes nachzugeben sie nicht retten würde. Ihr Beichtvater antwortet ihr, dass dies der Sterbenden (die ihm als ein Sterbender präsentiert wird) ihren Lebenssinn rauben, das Opfer ihres Lebens für ein Ideal von Reinheit sinnlos machen würde. Beide Positionen sind von Grund auf gegensätzlich: absolut betrachtet, ist keine der beiden entkräftet.

Der junge Autor dieser Erzählungen wird, einmal zum Romancier geworden, nie mehr mit solchem Nachdruck das Memento mori der klassischen Predigt formulieren. Er wird nie mehr, außer zu verbildlichen, was künstlerisches Schaffen ist, den schöpferischen Gott direkt anrufen und nach dem *Warum* fragen. Hier formuliert das leidende Subjekt, ausgeschlossen aus der Welt der Liebe, sein ganz persönliches *Mein Reich ist nicht von dieser Welt*; es fragt sich, wo für es selbst der *Frieden auf Erden für die Menschen guten Willens* zu finden ist. Im Dialog der Toten »In der Hölle« wird die beängstigende Nähe all dieser Fragen in die Distanz gerückt, doch die antike Patina der Unterwelt löscht die Erwartung der Hölle und der christlichen Verdammung nicht aus, die einer der Protagonisten zu beschwören sucht, indem er aufs Neue die Dichtung und die Dichter als *felix culpa* bezeichnet, wie es einst für die Erbsünde galt.

So übernehmen Arztfiguren, halb Adrien Proust, Vater des Schriftstellers, halb zukünftiger Docteur du Boulbon, die fiktive Gestalt aus der *Recherche*, die entsprechende Rolle und eröffnen vielleicht einen Weg hin zu dem, was Bergson nach dem Tod Prousts »die beiden Quellen der Moral und der Religion« nennen wird. Christianes Arzt, der unterstreicht, dass seine Patientin an auf kein organisches Versagen zurückgehender Auszehrung sterben wird, nimmt ein wenig Freud vorweg, der bei Charcot an der Salpêtrière hospitiert und seine *Studien über Hysterie* vorbereitet. In der »Erinnerung eines Hauptmanns« geht es um einen Menschen, der, während er darüber berichtet, blind bleibt für seine eigene Homosexualität, die in der Erzählung nirgends benannt wird. »Nach der 8. Symphonie von Beethoven« bietet Anlass, über den Zusammenhang nachzudenken, der zwischen der Atmung des Asthmatikers und der Belegung des Raums besteht. Kurzum, diese Erzählungen werden von vielen symbolischen Gegenständen und Bildern bevölkert.

*

Doch die homosexuelle Psychologie – oder die von innen betrachtete Homosexualität – bildet, ob direkt oder übertragen, bei weitem nicht das einzige Thema, nicht die einzige Herausforderung dieser Erzählungen. Wir sehen hier den Schriftsteller in dem Moment, da sein literarisches Unternehmen, das nach und nach an Form gewinnt bis zur *Recherche*, seinen Anfang nimmt.

Der Student der Philosophie ist nicht fern, ist vielmehr überall präsent. Der in die Welt der Musik projizierte Trost dafür, nicht geliebt zu werden (»Nach der 8. Symphonie von Beethoven«), scheint bereits von Schopenhauers Metaphysik der Musik beeinflusst. In seiner mühsamen Erinnerung greift der Hauptmann auf die Fichte'sche Unterscheidung von Ich und Nicht-Ich zurück, und sein noch unbeholfenes Fragen nach der Wiedererschaffung der Vergangenheit im Denken weist nicht weniger weit voraus als die Suche nach einer Bestimmung des Wesens, der *Essenz.* Diese Anklänge philosophischer Bildung sind bereits unauffällig angebracht, und der Erzähler der *Recherche* wird sie in seiner Prosa unkenntlich machen, auch wenn diese sich weiterhin daraus speist.

Wie nicht anders zu erwarten, bilden bestimmte Formulierungen, und seien sie nur flüchtig hingeworfen, gleichsam Geburtsakte ganzer Episoden der noch fernen *Suche nach der verlorenen Zeit.* Man sieht hier bereits, dass Briefe eine Rolle bei der Verlebendigung von Personen spielen, sieht Botticelli vermitteln beim Bangen um das geliebte Wesen, erkennt die zwei Verse von de Vigny, die als Motto für *Sodom und Gomorrha* dienen (»In der Hölle«), und vielleicht gibt es hier bereits eine Erklärung für den kühlen Gruß von Saint-Loup am Ende der Doncières-Episode in *Guermantes.* Man liest eine erste Fassung der großen Kontroverse über Homosexualität zwischen Charlus und Brichot in der *Gefangenen* (hier Caylus und Renan im Dialog »In der Hölle«), aber auch das, worauf eines Tages die Tirade von Docteur du Boulbon in *Guermantes* über die Pathologien der schöpferischen Genies antworten wird, ebenso wie eine erste Fassung der einsamen Wanderung im Bois de Boulogne, die eines Tages als Schluss von *Unterwegs zu Swann* dienen wird (»Jacques Lefelde«), die Episode des »neuen Schriftstellers« in *Guermantes,* den Ursprung der Apostrophe »Bäume, ihr habt mir nichts mehr zu sagen« im Zentrum der *Wiedergefundenen Zeit.*

Währenddessen zieht vor den Augen des Lesers die literarische Anthologie der ersten prägenden Lektüren des debütierenden Schriftstellers vorbei: Racines *Phèdre* und die »Tristesse d'Olympio« von Victor Hugo, vielleicht Stendhal in »Jacques Lefelde« und Dumas père in »In der Hölle«, und zwischen den Zeilen wird man vieles aus dem Universum Edgar Allan Poes erkennen und in dessen Nachbarschaft Reminiszenzen an Gérard de Nerval, an die Romane Tolstois, deren Einfluss nach *Jean Santeuil* schwinden wird.

An der Anlage dieser (daran sei erinnert: unfertigen) Erzählungen bleibt denn auch langfristig anregend, den werdenden Schriftsteller dabei zu beobachten, wie er mit literarischen Formen experimentiert, die nicht die des gereiften Schriftstellers sein werden: die auf Spannung abzielende Erzählung, das Märchen, das Totengespräch. Genauer gesagt, es ist interessant zu sehen, wie der zukünftige Romancier mit Vorliebe die Formen der Parabel, der Fabel und des Märchens aufgreift, um herauszufinden, warum er diese Formen nicht mehr verwenden wird, und zugleich, was er davon bewahren kann.

Dies gilt insbesondere für den Gesellschaftsroman, der die Atmosphäre der *Recherche* unterschwellig prägt und sich in mehreren dieser Erzählungen zu Mikrokosmen kristallisiert, nicht zuletzt der amourösen Begegnung im Umkreis der besseren Gesellschaft mit ihren Möglichkeiten, vor allem aber ihren Behinderungen. Diesen atmosphärisch dichten Gesellschaftsroman, der selbst im Rahmen eines langen Romans, umso mehr bei der Kürze einer Erzählung, die langwierigen Vorbereitungen des Romanarsenals erspart. Dieses Universums von Besuchen, Hotelbediensteten, Sommerfrischen, Droschken, das jenes von Swann sein wird, dieses Universums, das Proust im Roman seines Freundes Georges de Lauris, *Ginette Chatenay*, entdecken wird, dessen Manuskript er 1908-1909 liest und der 1910 erscheint, worin übrigens eine Hauptfigur in Szene gesetzt ist, die dabei ist, *Freuden und Tage* zu lesen. Der Kreis ist geschlossen.

So viele Etappen des Lernens und Experimentierens trennen den jungen Verfasser dieser Erzählungen und den Romancier der *Recherche*, dass man darauf gefasst war, nichts von dem großen Schriftsteller in diesem Anfänger zu finden. Umso spannender ist es, genau das herauszuschälen, was davon schon zu finden ist. Wie die allerersten Versionen der späteren Spaltung zwischen verlorener und wiedergefundener Zeit, die hier Frivolität und Tiefe, Zerstreuung und Innerlichkeit, Schein und Wirklichkeit heißen. Für diese Spaltung wird es in *Jean Santeuil* schon bald einen tiefergehenden Ausdruck geben – aber selbst dort wird sie nicht als strukturbildend gedacht, und dieser auf die kleinen Erzählungen folgende große Roman wird daran scheitern, dass er aus einer Idee, die er klar benennt, aber nicht umzusetzen gedenkt, keinen Nutzen zu ziehen vermag.

Diesen Erzählungen fehlt es noch an der Funktion des Erzählers der *Recherche* mit seiner Gabe, den Schein zu durchdringen – mit den Worten La Bruyères, der in der Sphäre der *Freuden und Tage* so gegenwärtig ist, durch den Menschen hindurch, den man sieht, den Menschen zu erkennen, den man nicht sieht (wären dem die Heiterkeit einer Sterbenden, die Auszehrung ohne organische Ursachen, die traurige und bange Erinnerung eines Hauptmanns, die einsamen und immer gleichen Spaziergänge eines Schriftstellers zur immer gleichen Zeit im Bois zuzurechnen?).

In dem ständig im Aufbau befindlichen Universum eines Schriftstellers haben auch die sprachlichen Wendungen ihre Geschichte, das heißt ihre Geburtsstunden und dann ihre Entwicklung. Eines fernen Tages wird sich eine berühmte Passage der *Wiedergefundenen Zeit* im »Stempel der Authentizität« verdichten. In einer unveröffentlichten Erzählung seiner Jugend hat Proust diese Kraftquelle unter seiner Feder entstehen sehen.

Man würde schließlich gern glauben, dass einige dieser Erzählungen nicht zu Ende geführt wurden, weil ihr Autor zögerte und sich nicht zwischen mehreren Möglichkeiten entscheiden konnte. Von einem Satz auf den anderen erinnert sich der Hauptmann sehr gut und dann wieder gar nicht an den Gefreiten, der ihn eines fernen Tages so erregt hatte. An anderer Stelle wird man sehen, wie direkte Rede und Erzählrede sich den Erzählstoff streitig machen, ohne dass eine der beiden Formen die Oberhand gewönne.

Fruchtbares Zaudern. Denn diese Widersprüche sind alle vorläufig. Wir, die wir heute nicht nur *Auf der Suche nach der verlorenen Zeit* lesen können, sondern auch die *Cahiers*, in denen sich dieses Werk ankündigt, wir wissen, dass der Romancier genau so vorgehen wird, nämlich auf ein und derselben Seite ein Erzählmoment und sein Gegenteil nebeneinanderstellen, weil er so beider Wirkung, ihre Implikationen und die Analyse, die daraus folgt, erproben will. Was das anbelangt, sind die *Cahiers* zu

Die Flüchtige aufschlussreich: Wir lesen darin, dass Albertine Mlle Vinteuil und deren Freundin gekannt – nicht gekannt – hat; dass sie Beziehungen zu Andrée unterhalten hat – aber vielleicht auch nicht; dem Helden liegt nichts daran zu erfahren, mit wem Gilberte einst die Anlagen der Champs-Élysées entlangging – und fragt sie danach. Hinter den Widersprüchen dieser unveröffentlichten Erzählungen verbirgt sich bereits der Szenarist der *Recherche*, der die Potentialitäten seiner Erzählung abwägt.

*

In einer düsteren Atmosphäre zeigt sich hier ein moralisches Problem. Übrigens nicht nur darin: In diesen Erzählungen geht es auch um das Staunen angesichts der Schönheit, um die im Mysterium verborgene Lebensfülle, das zu lösende Rätsel und den unveräußerlichen Reichtum, den jeder besitzt und der in der Erforschung seiner inneren Welt liegt; die Kunst bereitet das Unternehmen vor, begleitet es, vollendet es. Womit Proust von seinen ersten Schriften an jene Kehre vollzieht, die Albert Camus (der Camus von *Der Mensch in der Revolte*) in der *Wiedergefundenen Zeit* erkannte: eine Alternative zur Verzweiflung.

Tatsächlich entpuppen sich selbst Unheil und Leiden als schöpferisch: Sie führen die Situationen und Personen ein, vertiefen die Fragen, erfordern originelle und stets erneuerte und abgewandelte Transpositionen. Dieser junge Schriftsteller, der sein Geheimnis ausspricht und zugleich für sich behält, scheint bereits zu ahnen, dass in seinem künftigen Werk eine transparente Gilberte, eine transparente Albertine, die jede Liebe, die ihnen entgegengebracht wird, hundertfach erwidern, die nichts verbergen, alles sagen, die analytische Kraft vernichten würden, mit der der Erzähler der *Recherche* sich durchsetzen und triumphieren wird. Denn, wie er dort enthüllt: »Ideen sind Ersatz für Kümmernisse« (*Die wiedergefundene Zeit*, S. 317).

Dieser Band mit unveröffentlichten Texten wäre nicht zustande gekommen ohne das Vertrauen, das Dominique Goust, Leiter der Éditions de Fallois, dem Projekt entgegengebracht hat. Ihm und seinem Verlagsteam meinen tief empfundenen Dank.

EDITORISCHE NOTIZ

Die hier abgedruckten vormals handschriftlichen Texte Marcel Prousts, mit einer Ausnahme bisher unveröffentlicht, stammen aus den Archiven von Bernard de Fallois (Ordner 1.1. und 5.1. in ursprünglicher Kennzeichnung), der sie bei seinen Forschungen zu *Les Plaisirs et les Jours* verwendete, wobei die Abfassung der Texte zeitlich zusammenfällt mit denjenigen für diesen Sammelband (einige waren darin zeitweise vorgesehen). Eingeführt werden die Texte jeweils von Erläuterungen zur Anlage und von Hinweisen zu innovativen Merkmalen und zur Bedeutung für das spätere Werk von Proust. Die Texte sind in vereinfachter Umschrift wiedergegeben, werden aber umfassend mit ihren Varianten ausgewiesen. In den Einführungen wird auf folgende Ausgaben von Proust zurückgegriffen:

- *À la recherche du temps perdu*, herausgegeben unter Leitung von Jean-Yves Tadié, Paris: Gallimard, »Bibliothèque de la Pléiade«, 4 Bde., 1987-1989.
- *Auf der Suche nach der verlorenen Zeit*, Frankfurter Ausgabe, herausgegeben von Luzius Keller, aus dem Französischen übersetzt von Eva Rechel-Mertens, revidiert von Luzius Keller und Sybilla Laemmel, 7 Bde., Frankfurt am Main: Suhrkamp, 1994-2002.
  - *Bd. 1: Unterwegs zu Swann.*
  - *Bd. 2: Im Schatten junger Mädchenblüte.*
  - *Bd. 3: Guermantes.*
  - *Bd. 4: Sodom und Gomorrha.*
  - *Bd. 5: Die Gefangene.*
  - *Bd. 6: Die Flüchtige.*
  - *Bd. 7: Die wiedergefundene Zeit.*

- *Correspondance de Marcel Proust*, herausgegeben, mit Einleitung und Anmerkungen versehen von Philip Kolb, 21 Bde., Paris: Plon, 1970-1993.
- *Briefe 1879-1922*, herausgegeben, ausgewählt und kommentiert von Jürgen Ritte auf der Grundlage der Briefedition von Françoise Leriche, aus dem Französischen von Jürgen Ritte, Achim Russer und Bernd Schwibs, Bd. 1: Briefe 1879-1913, Bd. 2: Briefe 1914-1922, Berlin: Suhrkamp, 2016.
- *Les Plaisirs et les Jours*, *Jean Santeuil*, herausgegeben von Pierre Clarac und Yves Sandre, Paris: Gallimard, »Bibliothèque de la Pléiade«, 1971.
  [*Jean Santeuil*, erstmals herausgegeben von Bernard de Fallois, Vorwort von André Maurois, Paris: Gallimard, 3 Bde., 1952.]
- *Freuden und Tage und andere Erzählungen und Skizzen aus den Jahren 1892-1896*, herausgegeben von Luzius Keller, aus dem Französischen von Luzius Keller, für »Der Gleichgültige«: Elisabeth Borchers, Frankfurt am Main: Suhrkamp, 1988.
- *Jean Santeuil*, herausgegeben von Mariolina Bongiovanni Bertini, aus dem Französischen übersetzt von Eva Rechel-Mertens, revidiert und ergänzt von Luzius Keller, Frankfurt am Main: Suhrkamp, 1992.
- *Contre Sainte-Beuve*, *Pastiches et Mélanges*, *Essais et articles*, herausgegeben von Pierre Clarac und Yves Sandre, Paris: Gallimard, »Bibliothèque de la Pléiade«, 1971.
  [Erstausgabe von *Contre Sainte-Beuve suivi de Nouveaux Mélanges*, in anderer Anordnung, mit einem Vorwort von Bernard de Fallois, Paris: Gallimard, 1954.]
- *Gegen Sainte-Beuve*, herausgegeben von Mariolina Bongiovanni Bertini in Zusammenarbeit mit Luzius Keller, aus dem Französischen übersetzt von Helmut Scheffel, Frankfurt am Main: Suhrkamp, 1997.

- *Nachgelassenes und Wiedergefundenes*, herausgegeben von Luzius Keller, aus dem Französischen übersetzt von Melanie Walz, Frankfurt am Main: Suhrkamp, 2007.
- *Carnets*, herausgegeben von Florence Callu und Antoine Compagnon, Paris: Gallimard, 2002.

PAULINE DE S.

Diese kleine Fabel ähnelt den Erzählungen vom Lebensende, die für Freuden und Tage *ebenso typisch sind wie für die aufgegebenen Texte, die im Folgenden hier zu lesen sind. Doch mit leichterer Hand als jene geschrieben, ist sie an einer Lieblingsbotschaft besonders der klassischen Predigt ausgerichtet, dem Memento mori. Wie in zwei der hier folgenden erstmals veröffentlichten Erzählungen scheint die Figur des Arztes die Rolle der religiösen Befragung zu übernehmen. Zu Anfang zeichnet sich, noch vage, aber doch schon entscheidend, die Kluft ab zwischen verlorener und wiedergefundener Zeit: Ausgehend vom klassischen Gegensatz zwischen Vergnügung und Ernsthaftigkeit, Zerstreuung und moralischer Einkehr, richtet sich der Gegensatz einen Moment aus an den »Gefühlstiefen der Künste, in denen wir ins Innerste unseres Seins hinabzusteigen meinen«, eine Ankündigung der ästhetischen Moral Prousts, die des Prousts der* Recherche, *die dem Helden auf geheimnisvolle Weise durch das postume Septett Vinteuils in* Die Gefangene *(*Auf der Suche nach der verlorenen Zeit, *Bd. 5, S. 353ff.) offenbart wird. Aus den ernsten Lektüren, die Pauline verwirft (insbesondere die Imitatio Christi), speisen sich indes die Motti der Stücke von* Freuden und Tage, *und gegenüber Labiche, den die Heldin hier wählt, zieht der Autor »Fragmente einer italienischen Komödie« vor. Sollte der junge Autor der* Freuden und Tage *also zu jenen gehören, die, auch wenn sie den Tod aus der Nähe gesehen haben, unter ihren Fin-de-Siècle-Allüren zu ihren frivolen Handlungen und Gedanken zurückgekehrt sind? Von daher ist die Situation dieses dem Anschein nach leichthändigen Stücks auf Anhieb gar nicht so leicht zu entschlüsseln.*

Ich erfuhr eines Tages, dass meine alte Freundin Pauline de S.[1], die schon lange an Krebs litt, das Jahr nicht überleben würde und dass sie sich darüber so vollständig im Klaren war, dass der Arzt, außerstande, ihren scharfen Verstand darüber hinwegzutäuschen[2], ihr die Wahrheit gestanden hatte.[3] Sie wusste aber auch, dass sie, außer bei einem unerwarteten und immer möglichen Unfall, bis zum letzten Monat[4] ihre geistige Frische und sogar eine gewisse körperliche Leistungsfähigkeit bewahren würde.[5] Nun, da ich wusste, dass ihre letzten Illusionen geschwunden waren, fiel es mir äußerst schwer, sie aufzusuchen. Doch eines Abends entschloss ich mich, am nächsten Tag hinzugehen.[6] An jenem Abend[7] konnte ich nicht einschlafen. Die Dinge erschienen mir jetzt so, wie sie auch ihr selbst, dem Tod so nahe, erscheinen mussten, ganz anders, als sie uns für gewöhnlich erscheinen. Die Freuden, Belustigungen, Leben[8], selbst bestimmte Verrichtungen: bedeutungslos, fade, lachhaft, auf eine lächerliche und erschreckende Weise klein und unwirklich. Das Nachdenken über das Leben und die Seele, die Gefühlstiefen der Künste, in denen wir ins Innerste unseres Seins hinabzusteigen meinen, Güte, Verzeihen, Nächstenliebe, vor allem Reue, sie allein sind wirklich. Etwas entspannt[9] traf ich bei ihr ein, es war eine dieser Minuten, in denen man nichts als seine Seele spürt[10], seine überquellende Seele, alles andere

1 Entwurf: S., *die langsam an Krebs zugrunde ging*
2 Entwurf: *zu überlisten*
3 Var.: *aufgehört hatte, sie hinters Licht zu führen*
4 Var.: *Tag*
5 Entwurf: würde. *Ich brauchte lange, [bevor] ich mich entschloss, sie aufzusuchen*
6 Entwurf: *Seit dem Vorabend ersch[ienen] mir die Dinge*
7 *An jenem Abend*: interlineare Einfügung
8 *Leben*: interlineare Einfügung
9 Var.: *Die Seele befreit,*
10 Var.: *ich in mir lediglich die Seele spürte*

vergisst, den Tränen nahe. Ich trat ein. Sie saß wie gewohnt in einem Sessel nah am Fenster[1], und ihr Gesicht war keineswegs von Traurigkeit gezeichnet, so wie ich es mir seit einigen Tagen ausgemalt hatte. Die Magerkeit, die kränkliche Blässe waren rein äußerlich. Ihre Züge hatten den spöttischen Ausdruck bewahrt. Sie hielt ein politisches Pamphlet[2] in Händen[3], das sie zur Seite legte, als ich eintrat. Wir plauderten eine Stunde. Wie früher ging die lebhafte Unterhaltung auf Kosten verschiedener ihrer Bekannten. Ein Hustenanfall, bei dem sie ein wenig Blut spuckte, unterbrach sie. Nachdem sie sich wieder erholt hatte, sagte sie zu mir: »Gehen Sie[4], lieber Freund, ich möchte heute Abend nicht müde sein, denn ich habe einige Leute zum Abendessen da. Aber versuchen wir, uns in den nächsten Tagen zu sehen. Reservieren Sie doch eine Loge für die Matinée. Abends ist das Theater zu anstrengend für mich.« – »Für welche Aufführung?«, fragte ich sie. – »Was immer Sie wollen, aber vor allem nicht für Ihren langweiligen *Hamlet* oder *Antigone*, Sie kennen doch meine Vorlieben, ein lustiges Stück, von Labiche, wenn gerade eins gespielt wird, sonst eine Operette.« Verblüfft ging ich. Bei weiteren Besuchen musste ich erfahren, dass die Lektüre des Evangeliums und der *Imitatio Christi*, dass Musik und Gedichte, Meditationen, die Reue über[5] Beleidigungen, die sie jemandem zugefügt hatte, oder das Verzeihen von Beleidigungen, die ihr zugefügt worden waren, Gespräche mit Denkern, Priestern, geliebten Personen oder einstigen Feinden wie auch Selbstgespräche in dem Haus, in dem sie ihr Leben beendete, keine Bedeutung mehr hatten. Ich spreche nicht vom äußerlichen Gerührtsein über sich selbst, für dessen Empfinden sie

1 Var.: *nah am Feuer*

2 Var.: *einen Band von Labiche*; Entwurf: *und eines Tages lag neben ihr ein politisches Pamphlet, das noch geöffnet war*

3 Var.: *in der Hand*

4 Entwurf: *Geh*

5 Var.: *das Verzeihen von*

zu wenig empfänglich, zu robust war.[1] Häufig fragte ich mich, ob das nicht eine Attitüde[2], eine Maske war, ob ein Teil[3] ihres Lebens, den sie vor mir[4] verbarg, nicht das war, was sie hätte sein sollen. Mittlerweile habe ich erfahren, dass dem nicht so war, dass sie sich anderen gegenüber und sogar allein so verhielt wie *früher* mir gegenüber. Ich hatte den Eindruck, dass da eine Verhärtung, eine einzigartige Verirrung vorlag. O wie ahnungslos war ich, der ich den Tod von so Nahem gesehen habe und dennoch mein frivoles Leben wieder aufnahm. Wie konnte ich mich über etwas wundern, das ich doch fortwährend vor Augen hatte?! Für uns alle gilt, dass, solange wir sind,[5] der Arzt uns noch nicht verurteilt hat[6], wir nicht wissen, dass wir ganz sicher sterben[7]. Und doch sieht man viele, die[8] über den Tod nachdenken, um in Würde aus dem Leben zu scheiden.

1 Entwurf: *Ich konnte es nicht verstehen und*
2 Var.: *Komödie*
3 Var.: ein *unbekannter* Teil
4 Var.: *uns*
5 Entwurf: sind, *der Arzt nicht wir nichts anderes sind als*
6 Entwurf: hat *und wir anderes tun sollten als uns vor*
7 Entwurf: sterben *werden*
8 Entwurf: die *sich vorbereiten*

DER GEHEIMNISVOLLE BRIEFSCHREIBER

Diese abgeschlossene Erzählung (siehe Abbildung 1), die eine Zeitlang in Freuden und Tage *vorgesehen und damals dem Pianisten Léon Delafosse (1874-1955) gewidmet war, ist trotz einiger nicht ausgeführter Details vergleichbar mit anderen im Sammelband veröffentlichten Erzählungen: durch das Geständnis des nicht Gestehbaren beim nahenden Tod, der die Karten des Lebens neu mischt, angesichts der Agonie, die dem Geheimnis seine moralische Schwere nimmt.*

Wie der im Verlauf der Erzählung einmal aufgegriffene Titel zeigt, spielt sich alles über Briefe ab, mysteriöserweise sind sie in die Wohnung der Heldin Françoise gelangt, die sich vorstellt, sie stammten von einem Soldaten. Nun ist das gerade die Zeit, Sommer 1893, als Proust mit einigen Freunden einen Briefroman zu schreiben anfängt, bei dem ihm die Rolle einer in einen Unteroffizier verliebten Frau von Welt zufällt, die sich ihrem Beichtvater offenbart (dessen Rolle Daniel Halévy spielt, während Louis de La Salle die des Offiziers übernimmt; siehe Correspondance, *Bd. IV, S. 413-421; siehe auch* Briefe 1, *S. 147-150). Der zu mehreren verfasste Roman wurde nicht vollendet, aber Proust hat parallel dazu, möglicherweise heimlich, eine Erzählung geschrieben, in der der Beichtvater von Françoise, der Abbé de Tresves, erst auf den letzten Seiten auftritt und auch die eigentliche Erzählung nicht in Briefform gehalten ist.*

Die auf mysteriöse Weise auftauchenden Briefe erinnern indirekt an Edgar Allan Poes Novelle Der entwendete Brief, *die Proust schätzte (siehe* Correspondance, *Bd. X, S. 292; siehe auch* Briefe 1, *S. 658-659). Auch von den Grotesken und Arabesken Poes fließt etwas in Prousts Erzählung ein, in Gestalt jener Sterbenden (Christiane), die ihrer Freundin Françoise ihre Auszehrung eingesteht. Dieser Halbschatten, der den Kern der Erzählung umgibt, lässt an den Ner-*

val'schen Gegensatz von Wirklichkeit und Traum denken (in einer Variante ist vom zweiten Leben die Rede).

Die Jugenderzählung zeigt den angehenden Romancier, wie er sich an Erzählformen versucht, die er in der Folge nicht weiter übernehmen wird. Zu Anfang sucht er die seelische Verfassung seiner Figur durch die aufwändige Beschreibung ihrer Hände wiederzugeben (man denkt unwillkürlich an die berühmte Mütze von Charles Bovary). Bald versucht er sich (ungeschickt) am Erzeugen von Spannung, wenn Françoise im Esszimmer die Briefe findet. An den ausgestrichenen Stellen und den Einfügungen zwischen den Zeilen wird erkennbar, dass der Erzähler Schwierigkeiten hat, die notwendigen erzählerischen Umstände glaubhaft zu machen. Mit dieser Schwierigkeit wird noch der Autor der Recherche *zu kämpfen haben, dem mancher Satz umständlich gerät, wenn es darum geht, in einer verzwickten konkreten Situation die Reflexion unterzubringen, auf die es dem Erzähler ankommt.*

In der Recherche *wird ein Brief von einer geheimnisvollen Briefschreiberin auftauchen: jenes Telegramm, das der Held der* Flüchtigen *erhält, als er aus Venedig abreisen will, unterzeichnet mit Albertine, die doch tot ist (*Auf der Suche nach der verlorenen Zeit, *Bd. 6, S. 335-340) – eine Verwechslung mit dem Namen Gilbertes, die ihre Hochzeit ankündigt. Die gesamte frühere Erzählung scheint sich in diesem einzigen Umstand zu verdichten. Im selben Band wird ein weiterer geheimnisvoller Korrespondent auftreten. Der Held erhält nach Erscheinen seines Artikels im* Figaro *einen Brief von ihm: »Ich erhielt noch einen anderen Brief außer dem von Madame Goupil, doch der Name Sautton war mir unbekannt. Es war eine Schrift wie von Leuten aus dem Volk, die Ausdrucksweise war entzückend. Ich war sehr bekümmert, daß ich nicht in Erfahrung bringen konnte, wer ihn geschrieben hatte« (S. 261). Bekanntlich ist diese Episode,* *deren Bezüge verwischt werden, von einem Brief inspiriert, den Agostinelli 1907 Proust nach Erscheinen von dessen Artikel »Impressions de route en automobile« (»Die geretteten Kirchen. Die Kirchtürme von Caen. Die Kathedrale von Lisieux – Tage im Automobil«, in:* Nachgeahmtes und Vermischtes*) schrieb (siehe* Correspondance*, Bd. VII, S. 315). Doch das Schema dieser rätselhaften Bewandtnis ist, wie hier zu sehen, in der romanesken Vorstellungswelt Prousts sehr viel älter.*

Wie weiter zu erkennen ist – denn auch Wörter haben ihre Geschichte –, taucht hier erstmals aus Prousts Feder die Wendung »Stempel der Authentizität« *auf, die am anderen Ende seines Werks wiederkehren wird, Mitte der* Wiedergefundenen Zeit, *wenn der für die »Ewige Anbetung« eingenommene Erzähler hinsichtlich der unwillkürlichen Reminiszenzen statuiert: »[I]hr erstes Charakteristikum bestand darin, daß ich nicht frei war zu wählen, daß sie mir nur so und nicht anders einfach gegeben wurden. Ich spürte aber, daß gerade dies der Stempel ihrer Authentizität war.« (*Auf der Suche nach der verlorenen Zeit, *Bd. 7, S. 276f.) – ein Beweis, dass ein Ausdruck nie ein für alle Mal verloren ist, sondern noch lange weiterleben kann, sofern er das Konzept, das der Schriftsteller sich geduldig erarbeitet, für immer fixiert.*

Eine Erzählung in Rätselform, ist die Fabel in der Atmosphäre des Gesellschaftsromans angesiedelt, um die Homosexualität in Szene zu setzen, hier anhand von Gomorrha. Dabei wird es um die unerwiderte Liebe gehen, das erdrückende Schuldgefühl, das Verhältnis von Geheimnis und Geständnis, die Last des gesellschaftlichen Urteils, die Beziehung von Moral und (katholischer) Religion.

Dass die Briefschreiberin sich als Briefschreiber verstellen muss, während Proust das, was er über Homosexualität weiß, in das heimliche Drama einer Frau übersetzt, führt zu komplexen Zweideutigkeiten. Zudem ist beim Autor immer wie-

der eine Konfusion hinsichtlich der Vornamen zu beobachten: Françoise und Christiane werden ständig verwechselt, was zu häufigen Korrekturen führt und manchmal ganz übersehen wird. Die Auflösung des Rätsels wird unwillentlich – ein Lapsus Calami Prousts – im französischen Original durch die weibliche Form des Partizips [»elle l'avait donc vue«] gegeben und damit die Identität des mysteriösen Korrespondenten ziemlich früh aufgedeckt. Sodass selbst Geheimnis und Geständnis sich verkehren: die eine, die ein nicht einzugestehendes Geheimnis in sich verschließt, gesteht es in ihren Briefen; und die andere, die es erfährt und die nichts zu verbergen hat, bleibt darin gefangen.

Die Anspielungen auf katholische Frömmigkeit sind nicht frei von parodistischen Anklängen an die klassischen Redner und Prediger. Wie in den Gefährlichen Liebschaften *tritt der Priester auf dem Höhepunkt des Dramas auf den Plan. Der Hauch von Erbauungsroman verflüchtigt sich in der zweifachen Infragestellung der moralischen Gebote, die schließlich gegenüber dem Drama versetzt erscheinen und die Schwere einer verhängnisvollen Schuld aufrechterhalten. Freilich bewahrt das sublime Opfer, zu dem der Beichtvater rät und das Christiane tatsächlich darbringen wird, seine ganze Tiefe.*

Angesichts der Forderungen Gottes dienen hier die Anweisungen des Arztes als Alibi, um das Geheimnis mit Gewalt aufzubrechen. Die These lautet, dass ein bestimmter Grad an Leiden samt seinen Folgen es unumgänglich macht, gegen die Regeln der Moral zu verstoßen. Wie man feststellen wird, steht der Hinweis des Arztes, dass Christianes Auszehrung keine organische Verletzung zugrunde liege, in einem sonderbaren Zusammenhang mit Freuds Studien über Hysterie *(1895), die an der Salpêtrière bei Charcot (mit dem Adrien Proust zusammenarbeitete) durchgeführt wurden. Danach ist die Katatonie der Hysteriker keine Folge irgendeiner Defizi-*

enz, sondern resultiert im Gegenteil aus der Neutralisierung eines Konflikts zwischen außergewöhnlich intensiven gegensätzlichen Kräften. Auch wenn Proust offenbar erst sehr spät von Freuds Theorien erfuhr, zielt er bereits in seinen ersten Schriften auf deren Kern.

»Meine Liebe, ich verbiete Dir, zu Fuß zurückzukehren, ich werde anspannen lassen, es ist zu kalt, du könntest Dir ein Übel zuziehen.« Das hatte Françoise de Lucques[1] kurz zuvor zu ihrer Freundin Christiane[2] gesagt, als sie sie zurückbegleitete, und jetzt, beim Zurückfahren, hatte sie Gewissenbisse wegen dieses ungeschickten Satzes, der, einem anderen gegenüber geäußert, ganz bedeutungslos gewesen wäre[3], die Kranke aber beunruhigen könnte. Nahe am Kaminfeuer sitzend, an dem sie abwechselnd[4] Füße und Hände wärmte, stellte sie sich unablässig die quälende Frage[5]: Konnte Christiane[6] von dieser Krankheit der Entkräftung geheilt werden?[7] Die Lampen waren noch nicht gebracht worden. Sie saß im Dunkeln. Doch als sie sich erneut die Hände wärmte, erhellte das Feuer diese in ihrer Anmut und Beseeltheit.[8] An ihrer resignierten Schönheit[9] trauriger in diese vul-

1 Ausgestrichene Namen: *Christiane Florence Tavens*

2 Ms.: Christiane *Tavens*; *Florence de Lucques* ausgestrichen

3 *einem anderen gegenüber geäußert, ganz bedeutungslos gewesen wäre*: Einfügung zwischen den Zeilen

4 *abwechselnd*: interlineare Hinzufügung

5 Entwurf: *Sie fragte sich, ob man diese Entkräftung von Françoise nicht heilen könne sie spürte*

6 Ms.: Françoise. In der Folge wird noch öfter ein Name durch den anderen ersetzt.

7 Entwurf: *Und je nachdem ob sie sich* [sagte] *mit ja oder nein antwortete, spürte sie all ihren unbändigsten, ungestümsten geistigen und moralischen Grimm, und auch den zartesten und einfachsten. Ihre Hände, die man sah*

8 Reihe von Entwürfen: Beseeltheit. *Die zarten feinen Hände schienen getragen von einem und* [sic] *schönen gleich Blumen, würdevoll getragen am Stiel des Handgelenks, von dem sie sich in einer stolzen Linie abhoben, bevor sie erloschen, von dem sie ebenso sich ebenso zart wie diese abhoben, bevor sie erloschen. Die so anmutigen und so* [sic] *Hände waren auch ausdrucksstärker als ein Gesicht, ein Blick und schmerzerfüllt wie eine Seele ebenso ausdrucksstark wie ein Lächeln oder ein Blick. Sie waren gewöhnlich beständig und schöne leidende Geschöpfe wie Exilierte, gewöhnlich matt hingestreckt, an diesem Abend zitterten sie schmerzvoll. Sie litten in ihrer Anmut.*

9 Var.: *reinen* Schönheit

gäre Welt Exilierter konnte man die Emotionen nicht weniger deutlich ablesen als an einem ausdrucksvollen Blick. Gewöhnlich lagen sie matt hingestreckt. Doch an diesem Abend, mit der Gefahr, den zarten Stiel[1] zu verletzen, der sie so würdevoll trug, blühten sie schmerzhaft[2] auf wie misshandelte Blumen[3]. Und alsbald traten eine nach der anderen[4] die Tränen, die sie in der Dunkelheit vergossen hatte, in dem Augenblick hervor, wo sie ihre Hände berührten, die, dem Feuer entgegengestreckt, in vollem Licht erstrahlten. Ein Diener tritt ein, es war der Postbote, ein einziger Brief und in einer gewundenen Handschrift, die Françoise nicht kannte[5]. (Obwohl ihr Gatte Christiane genauso sehr liebte wie sie ihn und er Françoise zärtlich ob ihres Schmerzes tröstete, wenn er ihn bemerkte, wollte sie ihn, wenn er plötzlich eintreten sollte[6], durch den Anblick ihrer Tränen nicht unnötigerweise betrüben, und die Zeit gehabt haben, sich im Dunkeln die Augen zu trocknen.) Deshalb bat sie, die Lampen erst in fünf Minuten zu bringen, und hielt den Brief näher ans Feuer, um besser zu sehen. Das Feuer brannte hell genug, dass Françoise[7], als sie sich vorbeugte, um besser zu sehen, die Buchstaben entziffern konnte und Folgendes las

Madame,
Seit langem liebe ich Sie, aber ich vermag weder, es Ihnen zu sagen, noch, es Ihnen nicht zu sagen[8]. Verzeihen Sie mir. Irgendwie hat mich alles, was man mir über Ihr geistiges Leben, die

1 Var.: *das Handgelenk*
2 Var.: *seltsamerweise*
3 Var.: Blumen *der Verzweiflung*
4 *eine nach der anderen*: interlineare Einfügung
5 Entwurf: *Sie las drehte ihn um wartete bis man gebracht hatte ging ganz näherte den Brief, um lesen zu können, und bat, noch fünf Minuten zu warten, bis die Lampen gebracht werden sollten*
6 *wenn er plötzlich eintreten sollte*: interlineare Einfügung
7 Ms.: Christiane
8 Var.: noch *länger darauf zu verzichten, es zu tun*

einzigartige Vornehmheit Ihrer Seele erzählt hat, davon überzeugt[1], dass ich nach einem bitteren Leben in Ihnen allein die Süße, nach einem abenteuerlichen Leben den Frieden, nach einem Leben in Ungewissheit und Finsternis den Weg zum Licht finden würde. Und Sie waren, ohne es zu wissen[2], meine spirituelle Begleiterin. Doch das genügt mir nicht mehr. Es ist Ihr Körper, den ich will, und da ich ihn nicht haben kann, schreibe ich in meiner Verzweiflung und meiner Besessenheit, um mich zu beruhigen, diesen Brief, so wie man ein Stück Papier zerknüllt, wenn man wartet, wie man einen Namen in die Rinde eines Baums ritzt, wie man einen Namen in den Wind oder übers Meer hinausschreit.[3] Um einmal mit meinen Lippen[4] Ihren Mundwinkel zu berühren, gäbe ich mein Leben[5]. Der Gedanke, dass das möglich sein könnte, verbrennt mich ebenso wie der, dass es unmöglich ist. Wenn Sie Briefe von mir erhalten, werden Sie wissen, dass ich mich in einem Zustand befinde, in dem dieser Wunsch mich zum Wahnsinn treibt.[6] Sie sind so gütig, haben Sie Mitleid mit mir, ich vergehe, Sie nicht zu besitzen.

Françoise hatte gerade die Lektüre beendet, als der Diener mit den Lampen eintrat und so dem Brief, den sie im flackernden und unzuverlässigen Schein der Flammen wie im Traum gelesen hatte, gewissermaßen Wirklichkeit bescheinigte. Jetzt ließ das schwache, aber verlässlichere Licht der Lampen aus dem Dämmer zwischen den Tatsachen[7] dieser und den Träumen der anderen Welt unsere innere Welt hervortreten, prägte ihr, Brief und

1 Entwurf: *in mir das Bild entstehen lassen, dass Sie die Auserwählte sind, die*
2 *ohne es zu wissen*: interlineare Einfügung
3 Entwurf: hinausschreit. *Sie sind*
4 Var.: *meiner Zunge*
5 Var.: mein *ganzes* Leben
6 Var.: in dem *diese Vorstellung mich zum Wahnsinn treibt und man mich besänftigen muss*
7 Var.: den *materiellen* Tatsachen

Leben verbindend[1], gleichsam den Stempel der Authentizität auf. Zunächst wollte Françoise diesen Brief ihrem Gatten zeigen.[2] Dann aber überlegte sie, dass es nobler sei, ihm diese Beunruhigung zu ersparen, und dass sie dem Unbekannten, dem sie nichts anderes geben konnte, zumindest Schweigen schuldete, in Erwartung des Vergessens. Doch am nächsten Morgen erhielt sie einen Brief[3] in derselben gewundenen Handschrift, mit diesen Worten: »Heute Abend gegen 9 Uhr werde ich bei Ihnen sein.[4] Ich möchte Sie wenigstens sehen.« Da bekam Françoise Angst. Christiane sollte am nächsten Tag wegfahren, um vierzehn Tage auf dem Land zu verbringen, wo die frischere Luft ihr guttun konnte. Sie schrieb Christiane und bat sie, da ihr Gatte gerade an diesem Abend ausgehen würde, zu ihr zum Diner zu kommen. Dem Personal trug sie auf, niemandem sonst zu öffnen, und ließ alle Fensterläden fest verschließen.[5] Christiane erzählt sie nichts, eröffnet ihr aber um 9 Uhr, sie habe Migräne,[6] und bittet sie, im Salon an der Tür zu ihrem Zimmer zu bleiben und niemanden einzulassen. In ihrem Zimmer fiel sie auf die Knie und betete. Als sie um Viertel nach 9 fürchtete, ohnmächtig zu werden, ging sie ins Speisezimmer, um etwas Rum zu holen. Auf dem Tisch lag ein großes Blatt Papier, auf dem in Druckschrift[7] diese Worte standen: »Warum wollen Sie mich nicht sehen. Ich hätte Ihnen so gern meine Liebe bewiesen. Eines Tages werden Sie den Stunden nachtrauern, in denen ich Ihnen hätte Gesell-

1 *Brief und Leben verbindend*: interlineare Einfügung von »Leben«, im französischen Original ursprünglich nur »selon la matière«, »gemäß dem Inhalt (des Briefes)«.
2 Entwurf: zeigen. *Er war noch nicht*
3 Entwurf: Brief, *in dem stand*
4 Entwurf: sein. *Ich liebe Sie w[ie]*
5 *alle Fensterläden fest verschließen*: interlineare Einfügung
6 *eröffnet ihr … sie habe Migräne*: interlineare Einfügung. Mehrere Einfügungen sind untereinander nicht vereinbar; folgende ist klar erkennbar: *wollte sich ein wenig in ihrem Zimmer ausruhen, da sie Migräne habe*
7 Var.: *in gewundener Schrift*

schaft leisten können. Ich flehe Sie an.[1] Erlauben Sie, dass ich Sie sehe, aber[2] wenn Sie es befehlen, gehe ich sofort.«[3] Françoise war entsetzt. Sie dachte daran, das Personal zu bitten, mit Waffen zu kommen. Gleich schämte sie sich für diese Idee, und mit dem Gedanken, dass es, um den Unbekannten auf Abstand zu halten, keine wirksamere Autorität gebe als sie selbst, schrieb sie unten auf[4] das Blatt Papier: »Gehen Sie sofort, ich befehle es Ihnen.« Und dann stürzte sie in ihr Zimmer[5], warf sich auf ihren Betschemel, und ohne an etwas anderes zu denken, betete sie inbrünstig zur heiligen Jungfrau Maria[6]. Nach[7] einer halben Stunde holte sie Christiane, die auf ihre Bitte hin im Salon las. Sie wollte etwas trinken und bat sie, mit ihr ins Speisezimmer zu kommen. Zitternd, von Christiane gestützt [und] beim Öffnen der Tür fast am Rande einer Ohnmacht, ging sie wie eine Sterbende mit langsamen Schritten voran. Bei jedem Schritt schien es, als habe sie keine Kraft mehr, einen weiteren zu tun, und als werde sie sofort in Ohnmacht fallen[8]. Plötzlich musste sie einen Schrei unterdrücken. Auf dem Tisch ein neues Blatt Papier, auf dem sie las: »Ich habe gehorcht. Ich werde nicht wiederkommen. Sie werden mich nie wiedersehen.«[9] Glücklicherweise hatte Christiane, die ganz mit dem Unwohlsein[10] ihrer Freundin beschäftigt war, es nicht sehen können, und Françoise hatte Zeit, es rasch, aber mit gleichgültiger Miene an sich zu nehmen und in ihre Tasche zu stecken.[11] »Du musst rechtzeitig

1 *Ich flehe Sie an*: interlineare Einfügung
2 *aber*: interlineare Einfügung
3 Var.: *werde ich gehen.« Da bekam Christiane Angst*
4 Var.: *quer über*
5 Var.: Zimmer, hinter sich *wieder die Türen schließend*
6 Var.: *betete sie zu Unserem Herrn Jesus Christus*
7 Var.: *Dann* nach
8 Var.: *stehen bleiben*
9 *Ich werde … wiedersehen*: interlineare Einfügung
10 Var.: *den Beschwerden*
11 Entwurf: stecken. *Dann sagte sie zu Françoise* [sic]*: Ich hatte dich hergebeten, um etwas zu essen, in der Hoffnung, damit meine Migräne zu heilen, aber es geht jetzt besser, es ist nicht mehr nötig. Gehen wir zurück.*

nach Hause gehen«, sagte sie bald darauf zu Christiane, »da du doch morgen früh abreist. Auf Wiedersehen, meine Liebe. Ich kann dich möglicherweise morgen früh[1] nicht besuchen[2], und wenn ich nicht komme, dann deshalb, weil ich länger geschlafen haben werde, um meine Migräne auszukurieren.« (Der Arzt hatte Abschiede verboten, um allzu heftige Gemütsbewegungen von Christiane fernzuhalten.) Doch Christiane, die sich über ihren Zustand im Klaren war,[3] wusste sehr wohl[4], warum Françoise nicht zu kommen wagte[5] [und warum] man diese Abschiede verboten hatte, und sie weinte, als sie sich von Françoise verabschiedete, die ihren Kummer bis zum Schluss beherrschte und gelassen blieb, um Christiane zu beruhigen. Françoise konnte nicht schlafen. In dem letzten Briefchen des Unbekannten versetzten sie mehr als alles andere die Worte »Sie werden mich nie wiedersehen« in Unruhe. Da er wiedersehen sagte, hatte sie ihn[6] also gesehen.[7] Sie ließ die Fenster[8] kontrollieren: kein Flügel hatte sich bewegt. Auf diesem Weg hatte er nicht hereinkommen können. Er hatte also den Concierge bestochen[9]. Sie wollte diesen entlassen, wurde aber unsicher und wartete damit.[10]

Am nächsten Tag bekam sie Besuch von Christianes Arzt, den Françoise gebeten hatte, ihr gleich nach deren Abreise zu sagen, wie es ihr gehe. Er verheimlichte ihr nicht, dass ihre Freundin zwar nicht unrettbar verloren, ihr Zustand aber ganz plötzlich lebensgefährlich werden könne, und dass er keine Behandlung

1 Entwurf: früh …, *es wird zu früh für mich sein*
2 Var.: Ich *werde dich nicht*
3 *über ihren Zustand im Klaren war*: interlineare Einfügung
4 Entwurf: sehr wohl *den Grund*
5 *Françoise … wagte*: interlineare Einfügung
6 [Im Original: *elle l'avait … vue…*, also eigentlich: hatte sie sie also gesehen (da weibliche Endung des Partizips; A. d. Ü.]
7 Entwurf: gesehen. *Am nächsten Morgen*
8 Var.: Fenster, *deren Flügel geschlossen worden waren*
9 Var.: *gekauft*
10 Entwurf: Sie *entließ ihn sofort am nächsten Tag, obwohl*

sehe, die er ihr empfehlen könne. »Ach, es ist ein großes Unglück, dass sie nie geheiratet hat«, sagte er.[1] »Nur solch ein neues Leben könnte einen heilsamen Einfluss auf ihre schwache Verfassung haben.[2] Nur derart neuartige Freuden könnten einen so tiefsitzenden Zustand verändern.« – »Heiraten«, schrie Françoise auf, »aber wer wollte sie jetzt, da sie so krank ist, heiraten.« – »Soll sie sich einen Liebhaber nehmen«, sagte der Arzt. »Sie wird ihn heiraten, wenn er sie heilt.« – »Sagen Sie doch nicht so etwas Schreckliches, Doktor«, brach es aus Françoise heraus. »Ich sage nichts Schreckliches«, antwortete der Arzt bekümmert. »Wenn eine Frau in einem solchen Zustand ist und noch Jungfrau, kann nur ein völlig anderes Leben[3] sie retten. Ich glaube nicht, dass man sich in solch extremen Situationen über Benimmregeln Gedanken machen und zögern sollte. Aber ich komme morgen wieder, heute bin ich zu sehr in Eile, und dann reden wir weiter darüber.«[4]

Als sie wieder allein war, dachte Françoise noch einen Augenblick über die Worte des Arztes nach, war dann aber mit ihren Gedanken unwillkürlich wieder bei dem geheimnisvollen Briefschreiber, der, als es darum ging, sie zu sehen, so gewandt, so mutig[5] gewesen war, und dann, um ihr zu gehorchen, so ergeben verzichtet hatte, so zartfühlend gewesen war. Der Gedanke, welch außerordentlichen Entschluss es ihn gekostet haben musste, dieses Husarenstück aus Liebe zu ihr zu wagen, berauschte sie. Schon oft hatte sie sich gefragt, wer er wohl sein mochte, und jetzt malte sie sich aus, dass es ein Soldat sei. Für Soldaten[6] hatte sie schon immer geschwärmt, und eine alte Lei-

1 Var.: sagte er, *oder dass sie sich keinen Liebhaber genommen habe oder, wenn es zu spät sei, sie sich keinen nehmen würde*
2 Entwurf: haben. *Das Ende der Jungfräulichkeit ist die …*
3 Var.: ein *zweites* Leben; ein *neues* Leben
4 Entwurf: darüber. *Aber [für den Augenblick] rasch*
5 Var.: der *so vielen Gefahren getrotzt hatte*
6 Hier zeichnet sich eine Entwicklung ab, die in der Erzählung, die diesem Text folgt, ausgeführt wird.

denschaft, ein Feuer, dem Nahrung zu geben ihre Tugend sich geweigert hatte, aber das ihre Träume entflammt hatte und sich zuweilen sonderbar in ihren keuschen Augen widerspiegelte, war aufs Neue entfacht. Früher hatte sie häufig das Verlangen verspürt, von einem dieser Soldaten geliebt zu werden, dessen Koppel sich nur schwer lösen lässt, von einem dieser Dragoner[1], die abends an Straßenecken beim Blick zurück ihren Säbel hinter sich her[2] schleifen lassen und die einem, wenn man ihnen auf einer Couch zu nahe kommt, mit ihren großen Sporen in die Beine zu stechen drohen, die alle unter einem Stoff, der zu grob ist, als dass man ohne Weiteres sein Schlagen spüren könnte, ein sorgloses, abenteuerhungriges und zärtliches Herz verbergen.

Bald[3], einem regnerischen Wind gleich, der die stark duftenden Blumen entblättert, ihre Blüten abreißt, zerstreut, verfaulen lässt, ließ der Kummer darüber, dass ihre Freundin verloren war, all diese wollüstigen[4] Gedanken in einer Woge von Tränen versinken. Das Antlitz unserer Seelen wechselt genauso häufig wie der Anblick des Himmels. Unser armes Leben[5] schwankt[6] hilflos zwischen den Strömungen[7] der Wollust, in denen zu verharren ihm der Mut, und dem Hafen der Tugend, den zu erreichen ihm die Kraft fehlt.

Ein Telegramm traf ein. Christianes Zustand hatte sich verschlechtert. Françoise reiste ab, kam am nächsten Tag[8] in Cannes an. In der Villa, die Christiane gemietet hatte, gestattete der Arzt Françoise nicht, sie zu sehen. Sie war im Augenblick zu schwach. »Madame«, sagte der Arzt schließlich, »ich möchte

1 Var.: *Artilleristen, Gebirgsjäger*
2 *hinter sich her*: interlineare Einfügung
3 Var.: *Doch* bald
4 Var.: *bösen*
5 Entwurf: Leben *ist zugleich Wollust*
6 Entwurf: schwankt *von Wollust zu Tugend*
7 Var.: den *zauberhaften Erzählungen*
8 Var.: am *Abend*

Ihnen nichts vom Leben Ihrer Freundin enthüllen[1], von dem ich im Übrigen nicht das Geringste weiß. Aber ich glaube, dass ich Ihnen etwas erzählen sollte, was Ihnen, die Sie sie besser kennen als ich, vielleicht das schmerzliche Geheimnis enthüllt, das ihre letzten Stunden so sehr zu bedrücken scheint, und ihr damit Linderung[2], vielleicht sogar Heilung verschaffen könnte.[3] Immer wieder verlangt sie nach einer kleinen Schachtel, schickt alle aus dem Zimmer und hält lange Zwiegespräche damit, die immer in einer Art Nervenkrise enden. Dort ist die Schachtel, ich habe nicht gewagt, sie zu öffnen. Doch angesichts der extremen Schwäche der Kranken, die von einem Augenblick auf den anderen äußerst kritisch werden kann, glaube ich, dass es vielleicht Ihre Pflicht wäre nachzusehen, was sie enthält. So können wir erfahren, ob es sich um Morphium handelt. Am Körper sind keine Einstiche sichtbar, aber sie könnte es schlucken. Wir können ihr die Schachtel nicht vorenthalten; täte man es, würde sie sich so sehr aufregen, dass es gleich gefährlich, wenn nicht tödlich für sie wäre. Aber es wäre für uns sehr wichtig zu wissen, was ihr auf diese Weise ständig gegeben wird.«

Françoise dachte eine Weile nach. Christiane hatte ihr keine Herzensangelegenheit anvertraut, und das hätte sie sicher getan, wenn es eine gegeben hätte. Es war sicherlich Morphium oder irgendein ähnliches Gift, und dass der Arzt es unbedingt und sofort wissen musste[4], lag auf der Hand. Mit einer gewissen Aufregung öffnete sie die Schachtel,[5] sah zunächst nichts, faltete dann ein Blatt Papier auseinander, war eine Sekunde wie benommen, stieß einen Schrei aus und fiel zu Boden. Der Arzt

1 Var.: *verraten*

2 Var.: *Erleichterung*

3 Entwurf: verschaffen könnte. *Es ist eine Art Brief, den sie fortwährend verlangt, mit dem sie, während sie alle hinausschickt, bleibt*

4 *dass der Arzt es unbedingt und sofort wissen musste*: interlineare Einfügung.

5 Entwurf: Schachtel, *schaute*

stürzte zu ihr, sie war nur ohnmächtig geworden. Nahe bei ihr lag die Schachtel, die ihr aus den Händen geglitten war, und daneben das herausgefallene Blatt. Darauf las der Arzt: »Gehen Sie, ich befehle es Ihnen.« Françoise kam rasch wieder zu sich, bekam plötzlich einen schmerzhaften und heftigen Krampf und sagte mit scheinbar[1] wieder ruhiger Stimme zum Arzt: »Stellen Sie sich vor, ich habe in meiner Aufregung gedacht, es sei Opium. Ich bin verrückt.[2] Glauben Sie«, fragte Françoise, »dass Christiane gerettet werden kann?« – »Ja und nein«, antwortete der Arzt. »Ließe sich dieser Schwächezustand beenden, könnte sie sich, da kein Organ betroffen ist, wieder ganz erholen. Aber ob er sich beenden lässt, ist nicht voraussehbar. Es ist schrecklich, dass wir über den Kummer, wahrscheinlich Liebeskummer, an dem sie leidet, nichts in Erfahrung bringen können. Läge es in der Macht einer gegenwärtig lebenden Person, sie zu trösten und zu heilen, würde [diese], denke ich, die Pflicht der strengen Nächstenliebe auf sich nehmen, koste es, was es wolle.«

Françoise ließ sofort ein Telegramm abschicken. Sie bat ihren Beichtvater, mit dem nächsten Zug zu kommen. Christiane verbrachte fast den ganzen Tag und die Nacht im Halbschlaf.[3] Man hatte ihr nicht gesagt, dass Françoise gekommen war. Am nächsten Morgen ging es ihr so schlecht, war sie so unruhig, dass der Arzt, nachdem er sie vorbereitet hatte,[4] Françoise eintreten ließ. Françoise kam näher, fragte sie[5], um sie nicht aufzuregen, wie es ihr gehe, setzte sich an ihr Bett und tröstete sie liebevoll mit wohlüberlegten und zärtlichen Worten. »Ich bin so schwach«, sagte Christiane, »komm näher mit deiner Stirn, ich will dich küssen.« Instinktiv war Françoise zurückgewichen, was Christiane zum Glück nicht bemerkt hatte. Schnell hatte sie sich

1 *scheinbar*: interlineare Einfügung
2 Entwurf: verrückt. – *Nur das Blatt Papier war drin, sagte der Arzt.*
3 Var.: Christiane *war ziemlich ruhig*
4 *nachdem er sie vorbereitet hatte*: interlineare Einfügung
5 Var.: fragte sie *fröhlich*

wieder im Griff, küsste sie zärtlich und lange[1] auf die Wangen. Christiane schien es besser zu gehen, sie wirkte munterer, wollte essen. Aber da wurde Françoise etwas ins Ohr geflüstert[2]. Ihr Beichtvater, der Abbé von Tresves[3], war soeben eingetroffen. Sie ging und fing in einem Nebenzimmer ein Gespräch mit ihm an, so geschickt, dass er nichts ahnte. »Abbé, wenn ein Mann sich in Liebe für eine Frau, die einer [*sic*] anderen gehört, verzehrte und er so anständig gewesen wäre, sie nicht verführen zu wollen, und wenn allein die Liebe dieser Frau ihn vor dem baldigen und sicheren Tod bewahren könnte, wäre es entschuldbar, sie ihm zu gewähren«, fragte alsbald Françoise. – »Wie kommt es, dass Sie sich nicht selbst schon darauf geantwortet haben«[4], sagte[5] der Abbé. »Das hieße doch, die Schwäche eines Kranken auszunutzen und das Opfer seines Lebens, das er mit selbstlosem Herzen und der Reinheit derer, die er liebt, dargebracht hat, zu beschmutzen, zu entwerten, zu hintertreiben, zunichtezumachen. Das ist ein schöner Tod, und so zu handeln, wie Sie es sagen, hieße, das Reich Gottes dem zu verschließen, der es verdient hat, indem er so edel über seine Leidenschaft gesiegt hat. Es würde vor allem[6] die erbarmungswürdige Freundin ins Verderben stürzen, dort eines Tages den wiederzutreffen, der ohne sie seine Ehre über den Tod und über die Liebe hinaus bewahrt hätte.«

Françoise und der Abbé wurden gerufen, Christiane lag im Sterben und bat um Beichte und Absolution. Am nächsten Morgen war Christiane tot. Françoise erhielt nie mehr Briefe von dem Unbekannten.

1 *und lange*: interlineare Einfügung
2 Var.: *sagte man ihr etwas*
3 *Abbé von Tresves*: interlineare Einfügung; andere mögliche Lesart: *Treste*
4 Var.: Wie *können Sie zögern*
5 Var.: *antwortete*
6 Entwurf: vor allem *denjenigen, der Gott um eine solche Freude bringen würde*

Der Moment, in dem Françoise von dem Soldaten träumt, der der mysteriöse Briefschreiber sein könnte, dient als Keimzelle einer ganz anderen, vier Manuskriptseiten umfassenden Erzählung, die wir im Folgenden abdrucken. Die Heldin ist darin anonym, anders als in der Erzählung ist sie Witwe und glüht vor unterdrückter Sinnlichkeit, für deren Darstellung eine lange Reihe militärischer Metaphern entwickelt wird – lange vor dem Ersten Weltkrieg, der den Autor der Recherche *zu eindringlichen Reflexionen zur militärischen Strategie inspirieren wird. Die Rolle der künstlerischen Bildung, zumal der Bezug auf Botticelli, deutet hier die Atmosphäre von »Eine Liebe Swanns« an; das (Wagner'sche?) Miteinander der Künste stiftet ein Gleichgewicht zwischen Malerei, Musik und Literatur (eines Tages werden das Elstir, Vinteuil und Bergotte sein). Die Heldin verblasst nun hinter dem einnehmenden Porträt eines stattlichen Soldaten, den sie in der Folge offensichtlich erobern möchte, eine neue Phädra vor einem neuen Hippolyt (»dann sah sie ihn und liebte ihn«). Die Darstellung dieser potentiellen Liebe einer jungen Frau zu einem Offizier lässt an das Thema von* Anna Karenina *denken, wie bekanntlich Prousts erste Schaffensperiode,* Jean Santeuil *eingeschlossen, Gemeinsamkeiten mit dem russischen Roman aufweist. Außerdem spielt in dieser Keimzelle einer neuen Erzählung, die von der ursprünglichen Erzählung abzweigt, ein Krieg mit den Iriaten eine Rolle, einem Volksstamm in der Gegend von Mailand, im Umkreis der Stadt Iria in Ligurien, die sich zwischen Antike und mittelalterlichem Herzogtum nicht verorten lässt. Ein zeitgenössischer Leser mag angesichts dieser Unbestimmtheit an Erzählungen von Julien Gracq denken.*

Zugegeben, bereits bevor sie sich für die Tugend entschieden hatte[1], im Alter der Ungewissheiten, hatte sie eine ausgeprägte Vorliebe für Soldaten. Sie liebte die Artilleristen, die lange – ach, so lange! – brauchten, um das Koppel zu lösen, die Dragoner, die auf der Straße nachts[2] beim Blick zurück ihren Säbel hinter sich her schleifen lassen und die einem, wenn man ihnen auf einem Sofa zu nahe kommt, mit ihren großen Sporen in die Beine zu stechen drohen, schließlich all die Lanzenreiter, Kürassiere, Jäger, die alle unter einem Stoff, der zu grob ist, als dass man ohne Weiteres sein Schlagen spüren könnte[3], ein sorgloses, abenteuerhungriges, reines und sanftes Herz verbergen. Dann waren es doch der schreckliche Gedanke[4], dass die Eltern, wenn sie es erführen, in Verzweiflung geraten würden, der Drang, die bedeutende Stellung in der Welt zu behalten, die sie darin innehatte[5], die ihre Jungfräulichkeit bewahrten – mehr noch als all die wechselhafte Vornehmheit ihres Charakters, der sie[6] gehindert hätte, sowohl auf ein dem Zufall geschuldetes Abenteuer zu verzichten als auch sich auf ein Abenteuer einzulassen, nur[7] weil es sich anbot. Sie hatte geheiratet, war nach zwei Jahren Witwe geworden. Jetzt nahmen ihre Sinne Rache[8], nicht direkt[9], sondern heimtückisch, indem sie ihr Denkvermögen schwächten, ihre Phantasie korrumpierten,[10] all ihre uneigennützigsten Gedanken mit einem samtenen Film von Verführung und Täuschung überzogen, die nüchternsten Dinge mit einem Duft von

1 Var.: bevor sie *sich für die Ehrenhaftigkeit entschied*
2 *nachts*: interlineare Einfügung
3 *als dass … könnte*: interlineare Einfügung
4 Entwurf: waren es doch *die Befürchtung*
5 Var.: *die sie darin innehaben sollte*
6 [Im Original verweist die Endung des Perfektpartizips auf ein männliches Objekt; A. d. Ü.]
7 *nur*: interlineare Einfügung
8 Entwurf: Rache *an ihrer Vern[unft]*
9 Var.: nicht *auf dem Schlachtfeld des Verhaltens*
10 Interlinear: *indem sie ihr Denkvermögen schwächten*

Liebe würzten, indem sie genug Glut in sie warfen, um Luftspiegelungen des Verlangens in der Wüste ihres Herzens zu entfachen – und[1] durch diese langsame Verbiegung ihres Willens[2] ihre Anständigkeit weit mehr schädigten, als[3] wenn sie ihr auf dem Schlachtfeld des guten Benehmens eine scheinbar gravierendere Niederlage beigebracht hätten. Durch die umfassende künstlerische, literarische und musikalische Bildung, dank deren sie während der langen Mußestunden einer tugendhaften Witwenschaft die seltene natürliche[4] Vornehmheit ihres Geistes bis zur schmerzhaftesten Wollust verfeinert[5] hatte, waren alle diese Tendenzen zusammengeführt, harmonisiert, verstärkt. Das waren all ihre Kräfte, all ihre Energien, war ihr ganzer Wert. Nach und nach war dies alles im Begriff, dem Feind anheimzufallen. Zu dieser Zeit wurde in der Folge des kleinen Kriegs, den wir mit den Iriaten führten, ein dreiundzwanzigjähriger Hauptmann[6], Honoré[7], innerhalb von drei Jahren Major, Oberst, dann kommandierender General.[8] Er hatte nie[9] zugestimmt, sich fotografieren zu lassen, aber Zeitschriften und einige Meisterporträts[10] hatten seine rätselhafte Schönheit allen zugänglich gemacht, ohne sie banalisieren zu können! Das müde Lächeln auf seinen roten[11] Lippen, auf die er lässig biss, so wie man an einer Blume kaut, die Vollkommenheit[12] seiner Züge, die Traurigkeit,

1 Entwurf: und *indem sie … zermürbten*
2 Var.: *ihrer Phantasie*
3 Entwurf: als *wenn sie Rache genommen hätten*
4 *natürliche*: interlineare Einfügung
5 Entwurf: *bis zu Wollüsten* verfeinert
6 Var.: *Oberleutnant*
7 Neben Honoré ist interlinear der Name *Nowlands* zu lesen; siehe weiter unten den General de Notlains.
8 Entwurf: General. *Seine Intelligenz galt Er galt als ein Napoleon des Verfalls, von ebenso [subtiler] feiner Intelligenz wie die der einst siegreichen Kommandeure. Die Fotografie*
9 Entwurf: Er *hatte*
10 Interlinear: *alle öffentlichen und militärischen Zeremonien*
11 *roten*: interlineare Einfügung
12 Var.: *Reinheit*

das Licht und der Schatten, die sanfte Autorität seiner grünlichen Augen,[1] sein an den Seiten kurzes, aber unter dem Käppi fülliges Haar, glänzend und fein wie Kinderhaar, die schlanke Taille mit den markanten Hüften, die unnachahmliche Grazie[2], nicht greifbar und doch deutlich, wie die eines Botticelli, von einer so eleganten[3] [*Leerstelle*] wie diejenige Brummels und so sinnlich betörend wie die einer Kurtisane, all dies mischte sich in ihm[4] zu einer so bildhaft sinnlichen Vollkommenheit und hinreißenden Kraft, dass sie vor ihm unvereinbar zu sein schienen. Gewöhnlich umschattet das Denken auf wundervolle Weise die Augen, lässt den Blick tiefgründig werden, aber auch den Teint welken, den Rücken krumm werden. General de Notlains war diesen Gesetzen entkommen.[5] Bevor sie ihn gesehen hatte, wollte sie ihn lieben, dann sah sie ihn und liebte ihn, und da sie an ihn denken musste, hatte sie sich in ihrer Phantasie ein Bild von ihm gemacht und, ohne es zu sehr auszumalen, um nicht sein glanzvolles Geheimnis aufzulösen, eine vollkommene [*abgebrochen*]

1 Entwurf: Augen, *sein glänzendes Haar eines Kindes*
2 Interlinear: *Eleganz*
3 Var.: so *kundig*
4 Var.: all dies *vermittelten* [sic] *ihm eine*
5 Entwurf: *menschlichen* Gesetzen entkommen

ERINNERUNG
EINES HAUPTMANNS

Im Gegensatz zu den anderen hier abgedruckten Erzählungen wurde die folgende schon einmal veröffentlicht. Im Figaro littéraire *vom 22. November 1952 (S. 7) erschien eine getreue Abschrift von Bernard de Fallois, und Philip Kolb nahm sie, allerdings ohne Kenntnis des Manuskripts, auf in die* Textes retrouvés de Marcel Proust *(Urbana, University of Illinois Press, 1968, S. 84-86; Nachdruck in* Cahiers Marcel Proust, *nouvelle série, Nr. 3, S. 253-255, Paris: Gallimard; deutsch in: Marcel Proust,* Nachgelassenes und Wiedergefundenes, *S. 62-65, übersetzt von Melanie Walz). Da der Text stellenweise starke Streichungen und Überschreibungen aufweist, wird man gegenüber der früheren Fassung kleine Veränderungen feststellen, die im Variantenapparat erklärt werden.*

In dieser Erinnerung (siehe Abbildung 2) wird die Zuneigung zwischen den beiden Männern angedeutet, aber nie benannt. Da sie zu nah war an persönlichen Erlebnissen Prousts – möglicherweise in Zusammenhang mit seinem Militärdienst vom 15. November 1889 bis 14. November 1890 in Orléans –, wurde diese Erzählung beiseitegelegt. Die stumme Begegnung von Hauptmann und Gefreitem bildet den Teil der Erzählung, der am weitesten gediehen ist – im Unterschied zu der langen Einleitung mit unzulänglich aufeinander abgestimmten Zusätzen, die nur mühsam ein stimmiges Ganzes ergeben.

Wie Bernard de Fallois anmerkt, wird die Anspielung auf die »Tristesse d'Olympio« (»ich wollte … alles wiedersehen«) eines Tages von Baron de Charlus in Sodom und Gomorrha *grell ausgebreitet: »Da ist so eine wundervolle Stelle, wo Carlos Herrera nach dem Namen des Schlosses fragt, an dem seine Kalesche vorüberfährt: Es ist Rastignac, die Heimat des jungen Mannes, den er früher geliebt hat. Der Abbé gibt sich darauf einer Träumerei hin, die Swann in überaus geistreicher*

*Weise als die ›Tristesse d'Olympio‹ der Päderastie bezeichnet hat.« (*Sodom und Gomorrha, *S. 664). Diese Wendung taucht in einem Entwurf zu* Contre Sainte-Beuve *von 1908 auf (*Carnets, *S. 32; deutsch:* Gegen Sainte-Beuve, *S. 161); woraus zu ersehen ist, dass die Idee ohne die Formulierung auf viel früher zurückgeht. Der Hauptmann studiert seine Verhaltensweisen gegenüber dem Gefreiten so, wie Baron de Charlus den Helden in Balbec beobachtet (*Im Schatten junger Mädchenblüte, *S. 468), und ist von diesem jungen Soldaten ähnlich fasziniert wie Charlus, als er im Bahnhof von Doncières den Geiger Morel in Uniform sieht (*Sodom und Gomorrha, *S. 384f.). Die Art, wie der Hauptmann zu Pferd sich vom Gefreiten verabschiedet, ist ein umgekehrter Vorgriff auf den seltsamen, gleichgültig-distanzierten Gruß, den in* Guermantes *von seinem Tilbury aus Saint-Loup dem Helden entbietet, am Ende eines doch herzlichen Aufenthalts in Doncières: »[E]ilig weiterfahrend ohne ein Lächeln, ohne auch nur einen Muskel in seinem Gesicht zu verziehen, begnügte er sich damit, einen Augenblick lang die Hand an den Rand seines Käppis zu halten, so wie er einen Soldaten gegrüßt haben würde, den er persönlich nicht kannte« (*Guermantes, *S. 190).*

Doch die Originalität der Erzählung liegt darin, dass sie in Ich-Form eine Person in Szene setzt, die eine homosexuelle Regung empfindet, ohne sie überhaupt als solche zu erkennen, zumindest nicht bewusst, wie das in seiner Wiedergabe der Fakten erscheinende Warum? sowie die daraus erwachsende Verstörung zeigen. Ein Entwurf zu Sodom und Gomorrha *wird später den Zusammenhang zwischen dem unbewussten Zutagetreten der Homosexualität im Subjekt und dem, was zum Hauptthema der* Recherche *geworden sein wird, klar benennen: »Wenn man jung ist, weiß man ebenso wenig, dass man homosexuell ist, wie, dass man Dichter ist« (*À la recherche du temps perdu, *Bd. III, S. 954).*

Die allgemeinen Überlegungen des Hauptmanns sind zwar weniger ausformuliert als seine Erzählung, sollten dennoch unser Interesse wecken, kommt in ihnen doch eine Beschäftigung mit der Erinnerung und der gedanklichen Wiedererschaffung der Realität zum Ausdruck, die hartnäckig Form anzunehmen sucht. Daraus ergeben sich interessante Einsichten in die spätere »verlorene Zeit« durch das, was »uns die Faulheit wie ein kleiner böser Geist des Unbewussten und der ›Gedankenlosigkeit‹ verpassen lässt«. Die durch Prousts Studien genährte philosophische Spekulation liegt jenen Gegensätzen zugrunde, die wie bei Fichte ein In-mir einem Außer-mir gegenüberstellen (»Außerhalb von uns? In uns, besser gesagt«, wird der Erzähler der Recherche *gern schreiben –* Im Schatten junger Mädchenblüte, *S. 310), schon hier mit Konsequenzen für die Erzählung, die nacheinander mit den beiden gegensätzlichen erzählerischen Optionen experimentiert, um den daraus zu extrahierenden Anteil zu vergleichen: Nach den Ausstreichungen zu schließen, behauptet der Hauptmann abwechselnd, dass er die Gestalt des Gefreiten noch sehr gut und nicht mehr deutlich vor sich sieht. In diesen subtilen Unschlüssigkeiten steckt die ganze Zukunft des spekulativen Romans von Proust.*

Ich war für einen Tag in die Kleinstadt L. zurückgekehrt, in der ich ein Jahr lang als Leutnant stationiert gewesen war, und wollte unbedingt alles wiedersehen, die Orte[1], an die ohne einen großen Schauder der Traurigkeit zurückzudenken die Liebe mir unmöglich gemacht [hat], und die an sich so schlichten Orte[2] wie die Mauern der Kaserne und unser Gärtchen, deren einziger Schmuck die Reize waren, die ihnen das Licht je nach Tageszeit und Laune von Wetter und Saison verleiht. Diese einfachen Orte[3] werden in der kleinen Welt meiner Phantasie für alle Zeiten mit einem großen Liebreiz, einer großen Schönheit überzogen bleiben. Dennoch wären sie mir monatelang nicht in den Sinn gekommen, doch unvermutet erblicke ich sie, wie man hinter der Biegung eines ansteigenden Weges im trägen Abendlicht ein Dorf erblickt, eine Kirche, ein Wäldchen[4]. Kasernenhof und Gärtchen, in dem meine Freunde[5] und ich des Sommers dinierten, zweifellos verleiht euch die Erinnerung jene köstlich frischen Farben, wie sie das verzaubernde Morgen- oder Abendlicht bewirkt. Jede kleinste Einzelheit ist vorhanden, alles ist erhellt und erscheint mir schön. Ich sehe euch wie vom Hügel aus. Ihr seid eine kleine Welt, die sich selbst genügt, die außerhalb meiner existiert, in ihrem so unerwarteten klaren Licht von milder Schönheit. Und mein Herz, mein fröhliches Herz von ehedem, das mich jetzt traurig stimmt und doch zugleich aufheitert, da es für einen Moment mit seiner Fröhlichkeit jenes andere, jenes kranke und leere Herz von heute[6] wiederbelebt, mein fröhliches Herz von ehedem weilt in diesem

1 Entwurf: die Orte, … *die* die Liebe *mir unvergessl[ich] machte*
2 Var.: die *anderen* Orte
3 Var.: *Diese dort werden* für alle Zeiten
4 Var.: ein *Feld*
5 Var.: *Kameraden* (Wort angedeutet)
6 Entwurf: heute *in seiner Fröhlichkeit*

sonnigen[1] Gärtchen, in dem fernen und zugleich doch so nahen Hof der Kaserne, mir so unerklärlich nahe, so in mir und mir doch zugleich so äußerlich, mir so unmöglich jemals wieder erreichbar. In dem Städtchen herrscht träges Licht, und ich vernehme[2] einen hellen Glockenklang, der die sonnendurchfluteten Straßen erfüllt.

Ich war also für einen Tag in die Kleinstadt L... zurückgekehrt. Und ich verspürte, schwächer als befürchtet, den Kummer, sie blasser gegenüber ihrem Eindruck in meinem Herzen vorzufinden, in welchem ich sie jedoch ohnedies bereits allzu selten vorfand, was wahrhaftig traurig war und zuweilen sogar zum Verzweifeln ... Wir erleben so viele günstige Gelegenheiten zur Verzweiflung, die uns die Faulheit wie ein kleiner böser Geist des Unbewussten und der »Gedankenlosigkeit« verpassen lässt. — Ich hatte also viel Melancholisches angesichts der Menschen und Dinge von dort aufgefrischt. Und ebenso viel Fröhliches[3], das ich kaum zu erklären vermöchte und das nur 2 oder 3 Freunde wirklich teilen können, da sie in jenen Tagen so ganz und gar mein Leben geteilt haben. Doch nun zu dem, was ich erzählen will. Vor dem Diner, nach welchem ich unverzüglich den Zug nehmen wollte, hatte ich mich aufgemacht, weil ich meinem ehemaligen Burschen, der das Korps[4] gewechselt hatte und zum anderen Regiment der Stadt abkommandiert war, dessen Kaserne am anderen Ende der Stadt lag, auftragen wollte[5], mir vergessene Bücher nachzuschicken. Ich begegnete ihm auf der um diese Tageszeit beinahe menschenleeren Straße[6];[7] vor dem niedrigen Kaserneneingang seines

1 Var.: *leuchtenden*
2 Var.: und *deshalb vernehme ich*
3 Var.: ebenso *Fröhliches im Kleinen*
4 Entwurf: Korps *in der Kaserne*
5 Entwurf: *sagen* wollte
6 Entwurf: Straße; *er kam gerade heraus*
7 Semikolon im Ms.; es müsste ein Komma sein.

neuen Regiments, und wir plauderten zehn Minuten lang auf der Straße, die im abendlichen Sonnenlicht lag, von niemandem belauscht als von dem wachhabenden Gefreiten, der gegenüber[1] dem niedrigen Eingang auf einem Eckstein saß und eine Zeitung las.[2] Sein Gesicht sehe ich nicht mehr deutlich[3] vor mir, doch er war sehr groß, schmal, und seine Augen und sein Mund hatten etwas bezaubernd Zartes und Sanftes. Er übte einen völlig rätselhaften Zauber[4] auf mich aus, und ich begann auf meine Worte und Gesten zu achten in dem Wunsch, ihm zu gefallen und Dinge zu sagen, die etwas Besonderes waren, sei es ihres erlesenen Inhalts wegen oder eines besonderen Maßes an Güte oder Stolz. Ich vergaß zu sagen, dass ich nicht in Uniform war[5] und mich in einem Phaeton befand[6], den ich hatte anhalten lassen, um mit meinem Burschen zu plaudern. Der wachhabende Gefreite musste ihn jedoch unfehlbar als den Phaeton des Grafen von C. identifizieren, eines meiner Kameraden von ehedem[7], der mit mir zum Leutnant befördert worden war und der mir das Gefährt für diesen Tag zur Verfügung gestellt hatte. Da[8] mein ehemaliger Bursche zudem jede Antwort mit »Herr Hauptmann« beendete, wusste der Gefreite ganz genau[9] meinen Rang[10]. Doch es ist keineswegs üblich, dass ein Soldat vor Offizieren in Zivil salutiert, sofern sie nicht zu seinem Regiment gehören[11].

1 Var.: *vor*
2 Entwurf: *Die Gestalt, die ich noch gut vor mir sehe*
3 Var.: *sehr gut*
4 Entwurf: *unerklärlichen* Zauber
5 Var.: dass ich nicht *meine Uniform anhatte*
6 Entwurf: und dass ich *mit einem Phaeton da war*
7 Var.: *eines meiner Freunde*
8 Var.: Da *außerdem*
9 Var.: *konnte er meinen Rang nicht ignorieren*; Entwurf: ganz genau, *dass ich … war*
10 Var.: ganz genau, *wer ich war*
11 Entwurf: *zum selben …* gehören

Ich spürte, dass der Gefreite mir zuhörte; er hatte den Blick seiner entzückenden[1] ruhigen Augen zu uns erhoben und senkte ihn auf seine Zeitung, als ich ihn anblickte. Im leidenschaftlichen Wunsch (warum?), von ihm angesehen zu werden, klemmte ich mein Monokel ein und tat so, als sähe ich mich um, bemüht, nicht in seine Richtung zu blicken. Die Zeit verging, ich musste aufbrechen. Die Unterhaltung mit meinem Burschen konnte ich nicht weiter in die Länge ziehen. Ich verabschiedete mich von ihm mit[2] einer wegen des Gefreiten absichtlich durch leichte Herablassung gedämpften Herzlichkeit, und mit einem schnellen Blick zu dem Gefreiten, der wieder auf dem Eckstein saß und den Blick seiner entzückenden ruhigen Augen auf uns richtete, grüßte ich [ihn] mit gelüpftem Hut[3] und einem Nicken und lächelte ihm flüchtig zu. Er erhob sich und nahm kerzengerade Stellung an und hielt, wie beim Salutieren üblich, die offene Rechte an den Schirm[4] seines Käppis, ohne sie sinken zu lassen, wobei er mich, wie es das Reglement vorschreibt, unverwandt ansah, doch voll sichtlicher Verwirrung. Daraufhin nahm ich den Hut ganz ab, während ich mein Pferd antrieb, und bereits fast wie einem alten Freund sagte ich ihm mit meinem Blick und meinem Lächeln unendlich liebevolle Dinge. Und vermittels dieser geheimnisvollen Verzauberung der Blicke, die wie Seelen sind und uns in ihr geheimnisvolles Reich entführen, wo alle Unmöglichkeit aufgehoben ist, blieb ich, die Realität vergessend, obwohl das[5] Pferd mich bereits weit fortgetragen hatte[6], mit bloßem Haupt ihm zugewandt, bis ich ihn nicht mehr sah. Er salutierte noch immer, und wahrhaftig hatten sich zwei freundschaftliche Blicke gewissermaßen außerhalb

1 *entzückenden*: interlineare Einfügung
2 Entwurf: mit *ziemlicher Hochnäsigkeit*
3 Entwurf: *nahm ich meinen Hut ganz ab* und lächelte
4 Var.: an den Schirm … *gepresst*
5 Var.: *mein*
6 *obwohl … fortgetragen hatte*: interlineare Einfügung

von Zeit und Raum gekreuzt, zwei Blicke einer bereits vertrauensvollen und ruhigen Freundschaft.

Ich dinierte traurig und war zwei Tage hindurch voller Seelenpein, mit diesem Gesicht in meinen Träumen, das mir Schauer über den Rücken jagte. Selbstverständlich habe ich ihn nie wiedergesehen und werde ihn nie wiedersehen. Doch sehen Sie, inzwischen kann ich mich an das Gesicht gar nicht mehr recht erinnern, und dies kommt mir lediglich sehr schön vor an jenem warmen und hellen Ort im Abendlicht und zugleich ein wenig traurig ob seiner Rätselhaftigkeit und seiner Unvollendetheit.

JACQUES LEFELDE
(DER FREMDE)

Wieder eine Erzählung, die ein Rätsel aufgibt, das allerdings, da ihr ein Schluss fehlt, unaufgelöst bleibt. Warum kehrt Jacques Lefelde jeden Tag zur selben Stelle zurück? Warum verwandelt sich seine Trauer eines schönen Tages in Freude? Das Manuskript bricht vor der Antwort ab.

Die Träumereien um den See im Bois de Boulogne – »Als ich Ende letzten Augusts […] den Bois de Boulogne durchquerte« – scheinen die letzte Sequenz aus Unterwegs zu Swann *anzukündigen: Doch die rousseauistische Erfahrung auf dem Nachen wird ihr Geheimnis nicht preisgeben. Der Schriftstellername Jacques Lefelde wurde gewählt, weil es keinen realen Schriftsteller dieses Namens gibt.*

Die rätselhaften Spaziergänge des jungen Schriftstellers Jacques Lefelde im Bois erinnern an ähnliche Szenen, die Prousts Freunde beschrieben, namentlich Reynaldo Hahn, der schildert, wie Proust lange allein vor einem Strauch von Bengal-Rosen innehielt (»Promenade«, in: Hommage à Marcel Proust, Nouvelle Revue Française, *Nr. 112, 1. Januar 1923, S. 39f.)*

Doch dieser untröstlich Verliebte, den man immer an derselben Stelle im Park trifft, erinnert noch stärker an die Schilderung Stendhals aus dem 29. Kapitel von Über die Liebe, *das einen Grafen Delfante in Szene setzt, der tatsächlich ein Double von Stendhal selbst zu sein scheint und wie folgt geschildert wird (in der Lombardei): »In dem Lorbeerhain des Parkes Zampieri, der sich oberhalb des Weges erhebt und nach dem Wasserfall des Reno bei Casa-Lecchio hinzieht, entdeckte ich den Grafen Delfante; er stand traumversunken da, und obwohl wir den vorhergehenden Abend bis zwei Uhr nachts zusammen verbracht hatten, erwiderte er kaum meinen Gruß. Ich ritt zum Wasserfall und überquerte den Reno. Als ich schließlich nach mindestens drei Stunden wieder unter* *dem Hain des Parkes Zampieri vorbei kam, sah ich ihn immer noch stehen; er lehnte sich in genau derselben Haltung gegen eine hohe Pinie, die das Lorbeergebüsch überragte.« (*Über die Liebe, *aus dem Französischen von Walter Hoyer, Frankfurt am Main und Leipzig: Insel Verlag, 1999, S. 119f.) Delfante war in den Gedanken versunken, dass seine Liebe nicht erwidert wurde. Das ist es, was Proust in einem Brief an Daniel Halévy aus dem Jahr 1907 »diese kleinen anschaulichen Erzählungen, die Stendhal in* Von der Liebe *einstreut« (*Briefe 1, *S. 535), nennt.*

Jacques Lefelde wird in der Recherche *anonym wieder auftauchen: In Combray, während des Spaziergangs entlang der Vivonne, in der Gegend der Guermantes: »Wie oft habe ich […] einen Ruderer gesehen – wie oft mir gewünscht, sobald ich einmal ganz nach meiner Neigung leben könnte, es ihm nachzutun –, der mit eingelegtem Riemen und zurückgelegtem Kopf flach auf dem Rücken liegend den Nachen treiben ließ, nichts sah als den Himmel, der langsam über ihn dahinzog, und auf seinem Antlitz einen Vorgeschmack des Glücks, des Friedens trug.« (*Unterwegs zu Swann, *S. 249)*

Ich bin Jacques Lefelde nie mehr begegnet[1], seitdem ich den Pont des Arts, wo er noch immer wohnt [*sic*], verlassen habe und nach Passy gezogen bin.[2] Als ich Ende letzten Augusts[3] gegen neun Uhr abends auf meinem Heimweg den Bois de Boulogne[4] durchquerte, bemerkte ich Jacques Lefelde, der[5] dem Grand Lac zustrebte, mich wahrnahm, sofort den Kopf abwandte und den Schritt beschleunigte. Bald erblickte ich ihn wieder. Sie, die Sie seine »Essays«[6] gelesen haben, wissen um den tiefgründigen Geist[7], die einzigartige Phantasie[8] von Jacques Lefelde. Sollten Sie aber die liebevolle Zärtlichkeit seines Charakters nicht kennen, werden Sie nicht verstehen, wie ich augenblicklich jeden Gedanken von mir wies, er könne böse auf mich sein, stattdessen nur vermutete, er sei unterwegs zu einem Rendezvous. Die folgenden Tage war schönes Wetter, und ich ging weiterhin zu Fuß nach Hause. Jeden Tag begegnete ich Jacques Lefelde, und jeden Tag wich er mir aus. An der Ecke zur Allée de la Reine Marguerite bemerkte ich ihn erneut: langsam hin und her gehend, als ob er auf jemanden warte, schaute er sich nach allen Seiten um, hob zuweilen den Kopf gen Himmel wie ein Verliebter. Am vierten Tag aß ich zu Mittag im Foyat[9] mit einem Freund von Jacques, der mir erzählte, dass Jacques seit seiner Trennung von der kleinen Tänzerin Gygi, einer Trennung, bei der er versucht hatte, sich umzubringen, Frauen für

1 Var.: *habe* Jacques Lefelde nie *wiedergesehen*
2 Var.: seit ich *in Passy wohne*; seit ich *nicht mehr im Viertel vom Pont des Arts wohnte. Vor drei Jahren Eines Abends, als ich … nach Hause ging*
3 Var.: *Julis*
4 Entwurf: *an einem Spätnachmittag* den Bois de Boulogne
5 Entwurf: der *rasch*
6 Var.: seine *tiefgründigen und sonderbaren* »Essays«
7 Entwurf: um *seinen einzigartigen Geist*
8 Var.: *sonderbare* Phantasie
9 Konjektural. Interlineare Einfügung

immer entsagt habe. Sie werden verstehen, dass ich lächelte. Die folgenden Tage traf ich ihn nicht. Eines Morgens danach las ich im *Gaulois*: »Unser junger und berühmter Schriftsteller M.[1] Jacques Lefelde reist morgen in die Bretagne, wo er einige Monate verbringen wird.« An diesem Tag begegnete ich ihm in der Nähe der Gare Saint-Lazare. Da ich ihn vermutlich vor Oktober nicht wiedersehen würde, hielt ich ihn an. »Entschuldigen Sie«, sagte er, »aber ich reise heute Abend um 9 Uhr ab und will, bevor ich zum Abendessen zurückkehre, noch zum Bois de Boulogne und nehme rasch die Ringbahn …« Ich war nicht erstaunt, sagte aber: »Sie wären schneller mit der Droschke.« »Ach«, erwiderte er, »leider habe ich nur noch zwanzig Sous bei mir.«[2] Ich wollte nicht indiskret sein, sagte aber: »Ich könnte Sie mit dem Wagen hinfahren, und Sie steigen aus, wo Sie möchten.« »Na gut, ich nehme an«, antwortete er mit fröhlicher und verlegener Miene. »Aber Sie setzen mich bitte am See ab, denn ich muss allein sein.« Am See stieg er aus, und ich fuhr mit dem Wagen weg, konnte aber dem Verlangen nicht widerstehen, von der parallelen Allee aus einen Blick auf jene zu werfen, von der mein Freund Abschied nahm. Die Zeit verging, ich sah sie nicht kommen; Jacques ging am Wasser entlang, den Kopf zum Wasser gesenkt, hob sie [*sic*] zu einer Baumgruppe, dann wieder zurück zum Wasser. Bald ging er schnell, bald zügelte er seine Schritte, nach einer ½ Stunde sah ich ihn wiederkommen, aber durchaus nicht enttäuscht wie ein Liebhaber, der vergeblich gewartet hätte[3], sondern mit erhobenem Haupt, schnellem Schritt, stolzer Miene. Ich begriff nichts, sinnierte darüber nach und dachte dann nicht mehr daran. Als vergangenes Jahr mein Freund L., der zum Minister in XXX ernannt[4] worden war, einen Monat in Paris in dem Hotel an der Ecke zum Jardin du Luxembourg ver-

1 *M.*: interlineare Einfügung
2 Ein Satz in der Mitte der Zeile: *vor einer halben Stunde fährt kein Zug*
3 *immer noch allein*: interlineare Einfügung
4 [Konjektur des Herausgebers]

brachte, ging ich jeden Tag zu ihm, und als ich ihn eines Nachmittags gerade verließ, stieß ich auf Jacques Lefelde, den ich bis dahin nicht wiedergesehen hatte und der verärgert schien, mir zu begegnen. Er nahm rasch Abschied von mir. Missgelaunt ging ich nach Hause. Am nächsten Tag zur selben Stunde traf ich ihn erneut. Er wollte mir ausweichen, ich hielt ihn an. Der seit langem drohende Regen setzte heftig ein, wir stellten uns im Musée du Luxembourg unter.[1] »Ich habe Sie nicht wiedergesehen«, sagte ich, »seit dem Tag, an dem ich das Vergnügen hatte, mit Ihnen zum Bois zu fahren«, sagte ich [*sic*]. »Darf ich Sie fragen, ohne indiskret zu sein, was Sie dort vorhatten?« Jacques ist sehr schüchtern.[2] Er errötete leicht. »Das werden Sie dumm finden«, sagte er mit einem milden Lächeln. »Aber ich sage Ihnen, als ich zum zweiten Mal im Chalet der Insel zu Abend aß und sehr traurig war, erschien mit der See des Bois, der mir noch nie besonders aufgefallen war, so schön, dass ich am nächsten Morgen nicht anders konnte, als erneut hinzugehen und ihn zu sehen. Vierzehn Tage lang bin ich wirklich in ihn verliebt gewesen. Ich wusste nicht, welchen Weg ich einschlagen sollte, um keinen Bekannten zu begegnen, denn wenn ich nicht allein mit ihm war, sagte er mir nichts. Und der Tag, an dem Sie mich hinfuhren, war mein Abreisetag. Ich wollte nicht abreisen, ohne ihn nochmals zu sehen. Und dann[3] wollte ich, bevor ich Paris verließ, Bilanz des verflossenen Jahres ziehen.[4] Um mir die Kraft zu verleihen, es zu erfassen, es zu verstehen, es zu beurteilen, kam nichts der melancholischen Erregung gleich, die ich am Ufer dieses schönen Gewässers genoss, von dem ich so fasziniert

1 unter. *Wertester Freund, sagte ich zu ihm, ich habe Sie nicht wiedergesehen, sagte ich zu ihm, seit dem Tag, an dem Sie mich liebenswürdigerweise zum Bois gefahren haben, ich bin Ihnen sehr dankbar, ich habe Ihnen ein großes Vergnügen zu verdanken [*konjektural*]. Gehen Sie immer noch*
2 *Jacques … schüchtern*: interlineare Einfügung
3 Entwurf: Und dann *war es der letzte Tag*
4 Entwurf: ziehen. *Wo konnte ich besser*

war und wo an jenem Abend der Himmel so traurig zwischen den Schwänen und[1] den Booten ruhte, die, wie mein Geist abgehoben von der Erde, zwischen den Rasenflächen[2] und den Blumen am Ufer vorbeiglitten[3], welche, so unmittelbar nach Sonnenuntergang noch intensiver als sonst, von greller[4] Realität waren. Wie der junge Fährmann[5] ausgestreckt dalag und den anderen rudern ließ, so gab sich mein Geist zugleich[6] dem Vergnügen der Geschwindigkeit und der Ruhe hin und glitt behänd über Flächen, die ebenso lieblich und glanzvoll waren wie diese verzauberten Gewässer, von der Nacht[7] schon abgekühlt, aber im Licht noch glänzend.[8] Die über dem Wasser stehende Luft war lau. Und der Geist ist, nicht wahr, ein bisschen wie die Luft. Wie riesig[9] der Raum auch sei, den Sie vor ihm öffnen, er füllt ihn aus. Und der Geist, der unter zu großer Nähe eines Gesprächspartners, einer Anteilnahme oder einer Mauer leidet, dehnt sich freudig, königlich, frei in den unendlichen Weiten[10] aus und blickt mühelos in einem berauschenden und melancholischen Tempo auf den Verlauf der Gewässer und der Jahre zurück.«

»Darf ich Sie nochmals hinbringen«, sagte ich, »ich [*abgebrochen*]

1 Entwurf: und *den schlummernden Nebelschwaden*
2 Var: *dem Grün*
3 Var.: *dahinglitten*
4 Var.: *seltsamer*
5 Var.: *Seemann*
6 *zugleich*: interlineare Einfügung
7 Var.: *vom Abend*
8 Entwurf: glänzten. *Indem Sie mich mit Ihrem Wagen rechtzeitig ankommen ließen, bereiteten Sie mir eine ganz große Ihr Geist hat eine solche Ihr Geist ist wie*
9 Var.: *groß*
10 Entwurf: *Räumen*

IN DER HÖLLE

Dieses aufgegebene Stück stellt sich dar als ein Dialog von Toten oder von Rednern (zwischen Samson, Quélus-Caylus und einem Zeitgenossen, Ernest Renan, gestorben im Oktober 1892) über die Homosexualität: eine Schularbeit, unter pedantischer Beachtung und Persiflierung aller Formen, über ein Thema, das im Unterricht nicht vorkommt und dem gegenüber sich Gisèles Aufsatz zur Erlangung ihres Zeugnisses (in Im Schatten junger Mädchenblüte, *S. 698-703), worin Sokrates aus der Hölle an Racine schreibt und ihn über den Misserfolg von Athalie tröstet, recht harmlos ausnimmt. In der Redseligkeit der Gelehrten klingt auch bereits die Kontroverse über dasselbe Thema an, die nach dem Anhören des Septetts bei den Verdurins zwischen Charlus und Brichot (hier Quélus und Renan) ausbricht (*Die Gefangene, *S. 423-442). Die Verszeile Alfred de Vignys, die sehr viel später zum Motto von* Sodom und Gomorrha *wird, hat hier ihren ersten auffälligen Auftritt. So wie die vom fiktiven Renan als göttlicher Wahnsinn bezeichnete Poesie mit der Felix culpa assoziiert wird, in der die katholische Theologie die Erbsünde sieht, mit der Erlösung möglich wird. Der Titel des Stücks, »In der Hölle«, überlagert die antike Szenerie, die diesen Dialog der Toten sowie die Strafe ermöglicht, die die Verdammten wie Caylus erwarten.*

In mehreren veröffentlichten wie unveröffentlichten Erzählungen wird das Eingeständnis der Homosexualität möglich in einem Augenblick der Agonie, welcher der Schuld im Lichte des Lebensendes die Schwere nimmt. Hier ist eine weitere Schwelle überschritten, und zwar zugunsten einer heidnischen Vorstellung vom Jenseits, wo man aus der Ferne, vom Standpunkt des Sirius aus, reden kann, da keine menschliche Erfahrung mehr zu durchleben ist, keine Situationen, die im Leben bis an die Grenze des Unerträglichen gehen.

Bezüge zur Jugend Prousts werden vielfach sichtbar. Quélus, dessen Name an den Grafen Caylus, Mignon [Favorit, A. d. Ü.] von Heinrich III., denken lässt: Die Figur taucht – ebenfalls in der Schreibung Quélus gemäß einer Tradition, die übrigens bis Pierre de l'Èstoile zurückreicht – bei dem Duell der Mignons mit Bussy in Die Dame von Monsoreau *von Alexandre Dumas dem Älteren auf, einem Roman, den Proust 1893 auf jeden Fall kannte (*Correspondance, *Bd. 1, S. 245; die Dramatisierung des Romans verheißt ihm nichts Gutes) und den er 1896 nochmals liest; vor allem aber steht die von Samson vertretene Theorie derjenigen nahe, die der Gymnasiast seinen Mitschülern am Lycée Condorcet (hier Daniel Halévy) gegenüber entwickelte, die sie zu penetrant fanden: »Ich habe, dessen schmeichele ich mir, sehr kluge Freunde mit einem hohen moralischen Feingefühl, die sich einmal mit einem Freund vergnügt haben … das war zu Beginn der Jugend. Später haben sie sich wieder den Frauen zugewandt. […] Ich werde dir gerne von zwei erlesenen Meistern der Weisheit erzählen, die im Leben nur Blumen gepflückt haben, Sokrates und Montaigne. Sie gestatten den ganz jungen Leuten, sich zu ›amüsieren‹, um ein wenig alle Vergnügen kennenzulernen und ihr Übermaß an Zärtlichkeit abfließen zu lassen. Sie dachten, dass diese zugleich sinnlichen und intellektuellen Freundschaften mehr wert seien, wenn man noch jung ist und doch schon ein sehr waches Gespür für die Schönheit und eben auch die ›Sinne‹ hat, als Liaisons mit dummen und verdorbenen Frauen.« (*Briefe 1, *S. 123.)*

Auch das Familienmilieu wirft seine Schatten auf diese Seiten. Die Albuminurie, das von Quélus gewählte medizinische Beispiel, ist bei Prousts Vorfahren mütterlicherseits eine häufig auftretende Krankheit. Und die Überlegungen der Ärzte über den Wahnsinn der Dichter werden formuliert, kurz bevor Adrien Proust 1897 sein Buch über die Behandlung des Neurasthenikers, L'hygiène du neurasthénique, *ver-*

öffentlicht; in Guermantes *wird die Tirade des Docteur du Boulbon über den Zusammenhang zwischen Krankheit und Genie diese erste Darstellung korrigieren (*Guermantes, *S. 426f.)*

Aber diese möglicherweise verrückten Dichter bieten den Vorteil, so wird hervorgehoben, unsere Sicht der Dinge zu verändern. Dies ist das erste Mal, und mithin noch ohne das Vorbild Giraudoux', dass aus der Feder Prousts das in Erscheinung tritt, was in Guermantes *(S. 458f.) der »neue Schriftsteller« sein wird. Die hier beschworene moderne Frau ist die von Renoir gemalte Frau, der man auf der Straße begegnet, oder eine Pariserin wie Albertine, die einen Mantel von Fortuny trägt, der nach einem Gemälde Carpaccios in Venedig entworfen ist (*Die Flüchtige, *S. 344).*

So legt der werdende Schriftsteller in diesem rhetorischen, humoristischen Dialog einen ganzen Fundus nieder, der nur noch romanesker Kontexte bedarf, um sich allseits zu entfalten.

Quélus geht vorbei. Samson hält zwei vorbeigehende Schatten an und zeigt auf Quélus. Würden Sie mir die Ehre erweisen und mich vorstellen? Einer der beiden Schatten: Wer soll vorgestellt werden? Der andere: Dem Quélus, wegen des Titels. Samson: Nein, mir, ich bin der Ältere. Der erste Schatten: Ruf Quélus. Der Comte de Quélus. M. Samson. Quélus: Monsieur, ich habe während meines irdischen Lebens viel von Ihnen gehört. Samson: Der Gang der Zeit verhinderte die Gegenseitigkeit. Kein Zweifel, dass ich meine Gefangenschaft sonst nicht damit verbracht hätte, unveröffentlichte Dokumente über Sie zu sammeln. Sie interessieren mich ungemein, Monsieur. Im Übrigen hatte ich Ihnen vorausgesagt, was sage ich: Die Frau wird in Gomorrha, der Mann in Sodom herrschen. Und von Weitem sich einen gereizten Blick zuwerfend, werden die beiden Geschlechter je auf ihrer Seite sterben. Mit einer eleganten Verbeugung des Manns von Welt signalisiert Quélus kaum merklich Zustimmung[1]. Samson: Ah, Monsieur, wie recht Sie hatten[2], und hätte jeder und ich selbst seinen Verstand so wie Sie benutzt, hätte sich Delila gewiss nachsichtiger gezeigt. Übrigens billige ich derartige Jungenspiele nicht als[3] Koketterie, als indirekte Würdigung der weiblichen Anmut. Es war ein Mann, der dieses weniger menschliche als tierische Wesen weit von uns verbannt hat, diesen bizarren Ersatz der Katze, sonderbares Geschöpf zwischen Viper und Rose, die Frau, Verderberin all unserer Gedanken, Gift für all unsere Freundschaften, für all dessen, was wir bewundern, unsere Schwärmereien, all unsere Verehrungen; dank Ihnen und Ihresgleichen[4] ist die Liebe keine Krankheit mehr, die uns von allen unseren Freunden

1 Var.: *grüßt … leicht*
2 Var.: *haben*
3 Var.: *aus*
4 *und Ihresgleichen*: interlineare Einfügung

isoliert, die verhindert, dass wir mit ihnen über Philosophie plaudern. Ganz im Gegenteil erblüht die Freundschaft dabei noch herrlicher[1], ist sie die lachende Krönung unserer zärtlichen Treueschwüre und deren virilen Ergüsse. Wie die Dialektik und der Faustkampf der Griechen ist sie eine Zerstreuung, die es zu ermutigen gilt und die die Bande, die die Männer mit ihren Brüdern eint, festigt, statt sie zu lockern. Doch noch mehr freue ich mich, Sie, Monsieur, endlich zu schauen. Habe ich jetzt doch für meinen Groll gegen die Frau einen Vertrauten gefunden, wir werden unser beider Groll vereinen können, sie gemeinsam verwünschen. Sie verwünschen, ein vielleicht leider delikater Akt, denn sie verwünschen heißt, sie heraufbeschwören, immer noch ein wenig mit ihr wiederaufleben. – Ich wäre gern Ihrer Meinung, Monsieur, vermag es aber nicht. Noch nie hat mich eine Frau aus der Fassung gebracht, und ich verstehe weder, was Sie in Ihrer Wut mit sichtbar schmerzhaften und zitternden Banden immer noch an sie fesselt – noch die von Motiven geleitete Entrüstung, die sie bei Ihnen auslöst. Außerstande, mit Ihnen über die Zauberkünste[2] der Frau zu reden, fühle ich mich noch weniger in der Lage, sie mit Ihnen zu verabscheuen. Gegen die Männer hege ich einen gewissen Groll, doch die Frauen habe ich immer unendlich geschätzt. Über sie habe ich Seiten geschrieben, denen man durchaus Feingefühl zugestanden hat und die jedenfalls aufrichtig und selbsterlebt waren. Unter ihnen habe ich zuverlässige Freundinnen gefunden. Ihre Anmut, ihre Schwäche, ihre Schönheit, ihr Esprit haben mich häufig mit einer Freude berauscht, die, wiewohl nicht den Sinnen geschuldet, doch nicht weniger intensiv war, und das, je beständiger und reiner sie war. Zu ihnen ging ich, um mich über den Verrat von Geliebten trösten zu lassen, und sich des Längeren und ohne Verlangen an einer vollkomme-

1 *noch herrlicher*: interlineare Einfügung
2 Var.: *Verführungskünste*

nen Brust auszuweinen hat durchaus etwas Wohltuendes. Die Frauen waren mir Madonnen und Ammen in einem. Ich verehrte sie, und sie wiegten mich. Sie gaben mir umso mehr, je weniger ich von ihnen erbat. Ich bildete mit mehreren einen von Scharfsinn geprägten Hofstaat, den die Böen des Verlangens nicht erschütterten. Als Gegenleistung boten sie mir einen erlesenen Tee, eine geistreiche Unterhaltung, eine uneigennützige und charmante Freundschaft. Jenen, die mich – ein grausames und etwas albernes Spiel –, indem sie sich mir anboten, zu dem Geständnis verleiten wollten, dass ich keinerlei Gefallen an ihnen hätte, kann ich kaum böse sein. Statt durchaus gerechtfertigten Stolzes waren es freilich schlichteste Koketterie, die Angst, ihren Charme bei einem so wahrhaftigen Bewunderer zu kompromittieren, sowie eine gewisse Herzens- und Geistesgröße, welche die Besten unter ihnen vor diesem Verhalten bewahrten.[1]

Renan kommt vorbei. Schweigen Sie, Literat. Wie kann man tatsächlich[2] glauben, Ihre Reden entsprächen der ungefähren[3] Zusammenfassung Ihres [Denkens] und nicht vielmehr[4] den eitlen Kopfgeburten des Theoretikers. Allenfalls haben Sie vor sich selbst verborgen, dass Sie Frauen lieben, wie jene Gäste, die die schönsten Früchte, die man ihnen vorsetzt, verschmähen. Haben sie doch bereits gekostet, bevor sie zum Fest kamen. Dennoch liebten Sie unbestreitbar die Frauen. Glauben Sie mir, lieber Freund, in diesen Worten steckt kein und sei es philosophischer Tadel[5] meinerseits, erachten Sie meine Vorhaltungen auch nicht als gnadenlose Verurteilung durch eine zu

1 Var.: Hier ein ausgestrichener Absatz: *Ein Philosoph geht vorbei. Schweigen Sie, Quélus, und sprechen Sie von den Frauen nicht mit diesem Desinteresse, das Sie nicht immer hatten. Und da Sie im Begriff stehen, vor dem Richter zu erscheinen, sollten Sie besser Reue zeigen. Gewiss*

2 *tatsächlich*: interlineare Einfügung

3 Var.: *getreuesten*

4 *vielmehr*: interlineare Einfügung

5 Var.: *keine Kritik*

strenge Moral. Wie können wir, ohne dass wir verdienten[1], für Kleingeister gehalten zu werden, so plump sein und uns weigern, jene Spiele zu verstehen, von denen Sokrates mit einem Lächeln sprach. Dieser Meister, der die Gerechtigkeit so sehr liebte, dass er für sie starb, und sie gewissermaßen dadurch erst in die Welt bringen wollte, hat jene überholten Praktiken bei seinen engsten Freunden ohne Missstimmung geduldet. Und wenn es stimmt, dass die räumliche Entfernung recht genau die zeitliche Entfernung imitiert, erscheint es nicht absurd zu behaupten, dass der Orient, wie interessant sonst noch aus vielen anderen Blickwinkeln, bis heute die unzulänglich gelöschte Feuerstelle dieser sonderbaren Flammen bleibt[2]. Im Übrigen ist die Liebe, so wie die Alten sie begriffen, unbestritten eine Krankheit. Wie kann man da noch jene Gebräuche dem Laster gleichstellen? Kein Zweifel, dass der Albuminurie nichts Unmoralisches anhaften würde, wenn sie bei einigen Salz statt Zucker im Urin bildete. Trotz dieser Gründe liegt mir der Gedanke fern, Sie, lieber Freund, freizusprechen. Sie waren doppelt ungeschickt. Ein nicht wiedergutzumachender Frevel, wenn, wie ich zu glauben geneigt bin, das Leben eher ein Geschicklichkeitsspiel ist. Unter keinen Umständen sollte man Vergnügen darin finden, seine Zeit gegen den Strich zu bürsten. Ein Mensch, der mit einem ganz normalen Gaumen ausgestattet wäre und sich dennoch[3] daran gewöhnte, beim Verzehr[4] von Exkrementen erlesenen Genuss zu empfinden, hätte es schwer, jedenfalls in der guten Gesellschaft. Mancher physische Widerwille ist stärker als alles und mit Schande konnotiert. Unsere Abscheu und unsere Wertschätzung können zwangsläufig nicht derselben Person gelten. Und doch, wer wagte zu behaupten, dass Ekel nicht höchst re-

1 *aus Dummheit verdienten*: interlineare Einfügung
2 Var.: *ist*
3 *dennoch*: interlineare Einfügung
4 Var.: *Exkremente als Mahl zu sich zu nehmen und dabei*

lativ sei?[1] Warum wenden Sie sich von den erlesensten Parfüms ab, die man Ihnen anbietet, und beugen sich über einen Abwasserkanal und bilden sich dabei ein, ein Blumenbeet zu riechen. Eine Haltung, die selbstredend nicht mehr und nicht weniger[2] absolut begründet ist als die des Liebhabers von Gärten oder Parfüms – freilich eine sonderbare Haltung, die lediglich auf einer physischen Disposition der Geruchsnerven beruht und die, seien Sie dessen sicher, sehr auffällt. Aber Sie haben eine noch größere Ungeschicklichkeit[3] begangen, denn sie impliziert einen umfassenderen Irrtum, auf einer subtileren Stufe, des Erkennens. Die Liebe, sagte ich, ist eine Krankheit. Aber die zerebrale Erregung, der Wahnsinn, ist es auch. Dennoch besteht kein Zweifel, dass die Poesie an jenem Tag, als sie auf Erden erschien, das Niveau des Wahnsinns ungemein hob. Fast alle Dichter sind Verrückte. Doch wer wagte es, darüber zu lästern. Es sind Kranke, behaupten die Ärzte, offensichtlich überschätzte Persönlichkeiten, auch wenn ich unter ihnen höchst distinguierte und mir teure Freunde zähle. Tragen sie im Übrigen nicht dadurch, dass sie uns sterben lassen, erheblich dazu bei, den Kreis unserer Kenntnisse zu erweitern und den Gesichtspunkt unserer Überlegungen zu verschieben[4]. Die Ärzte behaupten also mit einigermaßen guten Gründen, dass die Dichter krank sind, Verrückte. Sei's drum. Immerhin eine glückselige Krankheit, göttlicher Wahnsinn, wie die Mystiker sagen. Das Erscheinen der Frau und vor allem der modernen Frau auf Erden hat genauso die utilitäre, aber recht perspektivlose Karriere geadelt, die der Liebe auf Erden in der Frühzeit beschieden schien. Die Frau, ein reichhaltiges Synonym für Trost und Begeisterung, hat wahrlich die Liebe zu einer sublimen Krankheit gemacht, die

1 Gestrichener Satz: *Die köstlichsten Früchte liegen in Ihrer Reichweite, es wäre unbesonnen, darauf zu verzichten*
2 Var.: Eine *fremdartige* Haltung, *obwohl sie* nicht mehr
3 Var.: *einen noch größeren Fehler*
4 Konjektur

Sie, lieber Quélus, nur herabsetzen können, indem Sie diesen erstrangigen Faktor ausscheiden. Der Geschlechtsunterschied ist hier von größter Bedeutung. Wem, wenn nicht ihm, ist die Auffrischung zuzuschreiben, die wir durch unsere Liebe für ein von uns so verschiedenes Geschöpf erfahren, eine Auffrischung, die den friedvollen Tagen des Arbeiters aus der Stadt ähnlich ist, der seinen Urlaub auf dem Lande verbringt. Kurzum, wie jene Romantik die Geistesgestörtheit bei Menschen mit Geschmack endgültig glaubwürdig gemacht hat, indem sie ihr eine noch größere Rolle in der erbauenden Dichtung zuwies, so scheint mir Ihr Irrtum seit dem 18. Jahrhundert zu einer Häresie geworden zu sein, da die Frau sich göttlich vervollkommnet hat und um all die Feinheiten reicher geworden ist, die die kultiviertesten Geister verehren. Sie ist heute ein Kunst- und Luxusgegenstand, der keine Konkurrenz zu fürchten hat. Es stimmt, Sie behaupten, sublime Vergnügen bei ihr zu kosten[1] und Ihre Sinne woanders zu befriedigen. Welch nutzlose und ungeschickte Verkomplizierung des Daseins. Das Vergnügen Ihrer Sinne wäre um all jene Vergnügen bereichert und verfeinert, die allein die Frau unserer Phantasie zu schenken vermag. Im Übrigen, ist die Trennung, von der Sie sprechen, denn überhaupt möglich. Welche Kraft kann uns hindern, jene zu küssen, die wir derart bewundern. Und dem Wort küssen würde ich gern weitere hinzufügen, die indes gegen die Rede eines Philosophen, ohnehin schon ausführlich genug geraten, womöglich verstießen.

1 Var.: *finden*

NACH DER 8. SYMPHONIE VON BEETHOVEN

Auch dieser im Original zweiseitige Text spielt mit dem Rätsel: man meint einen Liebesmonolog zu lesen, bis die allerletzten Worte die Bedeutung des Ganzen neu zur Disposition stellen. Proust scheint bereits mit der Theorie Schopenhauers Bekanntschaft gemacht zu haben, die so wirkmächtig in die musikalischen Beschreibungen der Werke Vinteuils eingegangen ist und der zufolge der Hörer eines Musikstücks, dem durch die Musik in außergewöhnlicher Weise die Stimme des Willens präsent wird, diese Stimme mit den Vorstellungen belegt, die ihm seine Phantasie liefert, und dadurch instinktiv die Melodie mit Bildern verbindet, ohne dass sich diese Verbindung begründen ließe. In diesen Zeilen scheint ganz unmerklich ein philosophisches Substrat durch: das in seinen Erscheinungsformen nicht erfassbare Wesen, die ihrem Stoff sich entziehende Form (Aristoteles), das auf das Endliche sich verkürzende Unendliche (Schelling). Die Anspielung auf das Wort Christi, »Mein Königreich ist nicht von dieser Welt«, umgibt diese Betrachtungen mit einer mystischen Aureole von Fin de Siècle, die sich in den Motti der Sammlung der Freuden und Tage *wiederfindet.*

Im Hinblick auf Prousts Asthma und seine Verwendung des Wortes »zurückstoßen« würde die Psychoanalyse die Bilder der Luft – der Luft, die man einatmet und die den Raum ausfüllt oder an Grenzen und Wände stößt – innerhalb eines Kontextes von nicht erfülltem Begehren deuten. Eine weitere Anspielung auf das Evangelium, die Verheißung, die der Engel den »Menschen guten Willens« macht, wird eines Tages in Die Flüchtige *wieder auftauchen, in dem Augenblick, als der Held der* Recherche*, in Venedig angekommen, den goldenen Engel des Campanile von San Marco erblickt und melancholisch an die für ihn noch unerfüllte Verheißung denkt (*Die Flüchtige*, S. 309f.) In der Zwischenzeit wird die wirbelnde*

Melodie der Sonate von Vinteuil für Swann zur Inkarnation jener ungreifbaren, das Leben übersteigenden Essenz der Liebe geworden sein. Angesichts dieser vergänglichen Schönheit sinnt der zu dieser Zeit noch junge Hörer über das Phänomen des Charmes nach; sehr viel später möchte Baron de Charlus den Geiger Morel liebend gern in Charmel umtaufen. Die Phantasie, die hier das Reich der Musik wiedererschafft, ist der ferne Vorfahre des Zeitalters der Glaubensvorstellungen, das eines Tages die erste Etappe in der Entwicklung des Helden der Recherche *sein wird.*

Zuweilen vernehmen wir, wie die Schönheit einer Frau[1], die Liebenswürdigkeit oder Einzigartigkeit[2] eines Mannes, ein glücklicher Umstand[3] uns Gnade verheißen[4]. Doch bald schon spürt unser Geist, dass das Wesen, das diese köstlichen Versprechungen machte, nie in der Lage war, sie zu halten, und er kämpft ungeduldig gegen die Wand an, die ihn zurückstößt. Es ist wie mit der Luft, die, ähnlich dem Geist, stets Räume in ihrer ganzen Weite auszufüllen sucht, sich, sobald sich ihr ein größerer Raum eröffnet, darin entlädt und dann erneut zusammengepresst wird. Ich bin eines Abends von Ihren Augen, Ihrem Gang, Ihrer Stimme getäuscht worden.[5] Doch jetzt weiß ich, wie weit genau das geht, wie nah die Grenze ist, wie auch der Augenblick, da Sie nichts mehr sagen, Sie Ihre Augen im Unbestimmten noch heller erstrahlen lassen, einen Augenblick lang wie ein Licht, das man nicht lange in diesem Grad an Helligkeit zu halten[6] vermag. Und ich weiß auch, teurer Dichter, wie weit Ihre Freundlichkeit mir gegenüber geht und woher sie kommt, ebenso wie ich das Gesetz Ihrer Originalität kenne, das, einmal aufgedeckt[7], es erlaubt, ihre gleichbleibenden Überraschungen vorauszusehen und deren scheinbare Unendlichkeit auszuschöpfen. All die

1 Anfang mehrfach entworfen: *Zuweilen … im Aufblitzen der Schönheit einer Frau, in den Ausblicken, die uns die Liebenswürdigkeit eines Mannes eröffnet oder; Zuweilen inmitten der Flammen, in der eine schöne Frau erstrahlt, in der Zukunft; Zuweilen vernehmen wir, leise, von derjenigen unter uns, undeutlich und gegenwärtig, so falsch, dass wir danach oft zweifeln, ob wir es nicht im Traum vernommen haben. Zuweilen [murmeln] sagen leise die Schönheit einer Frau, die Liebenswürdigkeit oder Einzigartigkeit eines Mannes, wie jene Worte, missverstanden, wie man glaubt*
2 *oder Einzigartigkeit*: interlineare Einfügung
3 Ms.: Umstand *uns mit undeutlicher Stimme* [ausgestrichen]
4 Var.: uns *die Verheißungen murmeln*
5 Ms.: Stimme getäuscht worden. *Sie haben mich*
6 Var.: *belassen*
7 Var.: *bekannt*

Gnade, die Sie zu schenken vermögen, ist da, außerstande, mit meinem Verlangen zu wachsen, sich meiner Phantasie anzupassen[1], sich mit meinem Wesen zu vereinen, meinem Herzen zu gehorchen[2], meinen Geist zu führen. Ich kann sie berühren, aber nicht bewegen. Es ist eine Grenze. Kaum hatte ich sie erreicht, habe ich sie schon überschritten. Und doch gibt es ein Reich[3] auf Erden, in dem es Gottes Wille war, dass die Gnade die Versprechen einlösen konnte, die sie uns machte, dass sie herabstieg und mit unserem Traum spielte, ihn erhob und ihm schließlich die Richtung zeigte, ihm ihre Form verlieh und ihre Freude schenkte, ihre Gestalt wandelnd und doch nicht ungreifbar, vielmehr immer größer werdend und verändert durch den Besitz selbst; ein Reich, in dem ein Blick unseres Begehrens sogleich von einem Lächeln der Schönheit erwidert wird, die sich in unserem Herzen in Zärtlichkeit verwandelt[4] und die sie uns in Unendlichkeit wiedergibt, wo man regungslos den Taumel der Geschwindigkeit genießt, ohne zu ermüden[5], die Erschöpfung nach dem Kampf und die ungefährdete Trunkenheit des Dahingleitens[6], des Hüpfens, des Fliegens, wo in jeder Minute die Kraft mit dem Willen wächst und die Wollust mit dem Begehren, in dem beständig alle Dinge sich vereinen, um unserer Phantasie zu dienen, und sie ausfüllen, ohne sie zu ermüden, in dem, sobald ein Reiz verspürt [wird], tausend Reize sich mit ihm vereinen, verschieden, aber sich gegenseitig verstärkend, die unsere Seele erfassen, in einem mit jeder Minute engeren, ausgedehnteren und zarteren Netz: das ist das Reich der Musik.

1 Var.: *mit; an* meine Phantasie
2 Var.: *befehlen*
3 Var.: *eine Welt*
4 Ms.: verwandelt, *dann eine Geste*
5 Var.: ohne *Gefahr*
6 Ms.: des Dahingleitens, *des Ruderns*

[Zwei gesonderte Manuskriptseiten könnten mit dieser Parabel in Verbindung stehen. Schopenhauers Musik-Doktrin wird hier umgedeutet zu einer Kompensation für die Nichtkommunizierbarkeit der Seelen untereinander.]

Zuweilen lässt uns eine Frau oder ein Mann, wie ein dunkles, dann einen Augenblick schwach erleuchtetes Fenster, Anmut, Mut, Hingabe, Hoffnung, Traurigkeit erahnen. Doch das menschliche Leben ist zu verwickelt, zu ernst, zu sehr von sich selbst erfüllt und gleichsam zu beladen[1], der menschliche Körper mit seinen vielfältigen Regungen und die allgemeine Geschichte, die ihm eingeschrieben ist, lassen uns an zu viele Dinge denken, als dass eine Frau je für uns sei. Schlichte Anmut, ungebremster Mut, rückhaltlose Hingabe, grenzenlose Hoffnung, ungetrübte Traurigkeit.[2] Um die Betrachtung dieser unsichtbaren Wirklichkeiten, die der Traum unseres Lebens sind und die wir nicht nur im Angesicht von Frauen und Männern haben, um den Schauer ihrer Vorahnung zu genießen[3], bedürfte[4] es reiner Seelen, unsichtbarer Geister, Genien, die über die Schnelligkeit des Fliegens ohne die Stofflichkeit der Flügel verfügen und uns das Schauspiel ihrer Seufzer, ihres Schwungs oder ihrer Anmut schenken, ohne sie in einem[5] Körper zu inkarnieren.[6] Denn damit auch unser Körper es genießen könnte, müsste das Spiel dieser Geister sich inkarnieren[7], freilich in einem subtilen Körper, der ohne Größe und ohne Farbe, uns sehr nah und sehr

1 *zu ernst … beladen*: interlineare Einfügung
2 Entwurf: Traurigkeit. *Um mehr als nur den Schauer ihrer Vorahnung zu spüren, müssten wir* (siehe weiter unten)
3 Var.: *haben*
4 Entwurf: *müssten wir … haben*
5 Var.: *ihren Körpern*
6 Entwurf: *Damit nun auch unser Körper dieses Fest genießen kann, damit denn das Fest wäre berauschender*
7 Interlinear: *das Fest wäre schöner*

fern zugleich wäre, der uns[1] im Innersten unserer selbst[2] die Empfindung seiner Frische schenkte, ohne dass er Temperatur anzeigte, seiner Farbe, ohne dass er sichtbar wäre, seiner Anwesenheit, ohne dass er Platz einnähme. Er müsste auch, von allen Bedingungen des Lebens entbunden, schnell sein wie die Sekunde und genau wie diese, damit nichts seinen Schwung lähmte, seine Anmut verhinderte, sein Seufzen belastete, seine Klage erstickte. Wir erkennen in diesem präzisen, köstlichen und subtilen Körper das Spiel dieser reinen Wesenheiten. Es ist die in Ton gekleidete Seele, oder vielmehr die Wanderung der Seele durch die Töne, es ist die Musik.

1 *uns*: interlineare Einfügung
2 *selbst*: interlineare Einfügung

DAS BEWUSSTSEIN,
SIE ZU LIEBEN

*Ein mit vielen Streichungen versehener Text von ursprünglich zwei Seiten. Dieses Märchen ist das umgekehrte Spiegelbild des »Raven« von Edgar Allan Poe, einem Gedicht, das Proust kannte (*Briefe 1, *S. 628f.). Darin sieht ein an Einsamkeit leidender Mann einen Raben in sein Zimmer fliegen, der auf seine bangen Fragen nichts anderes antwortet als immer nur* »nevermore« *– nimmermehr –, was ihn in Verzweiflung stürzt. Hier wird das Liebesleid in einem seidigen Tier versinnbildlicht, dessen für die anderen unsichtbare Gesellschaft den abgewiesenen Liebenden tröstet.*

Darüber hinaus deutet der Erzähler – mit gehöriger Distanz – an, dass auch sein Leben in ähnlicher Einsamkeit verlaufen sei – was den Trost zwiespältig macht, ihm etwas Ergreifendes verleiht. Der kurze Text rückt damit in die Nähe der in Freuden und Tage *versammelten Erzählungen vom Lebensende. Gleiches gilt für jene dem Gesellschaftsroman entnommene Figur (Proust wird später, 1909,* Ginette Chatenay *von Georges de Lauris lesen, das Vorbild der Gattung), die, von ihrem Diener aufgeweckt, eine Droschke besteigt – wie später Swann.*

Der Text ist vieldeutig, changiert zwischen der ausgesprochenen oder vermuteten Zurückweisung durch die Geliebte, der allegorischen Identität der Eichkatze und dem Trost oder dem Beistand, der dem Einsamen in seiner Verzweiflung von seinem heimlichen Begleiter zuteilwird. Proust schwankt zwischen Analyse und erzählendem Sprechen, beides wechselt sich ab und überlagert sich, wobei die direkte Rede erlaubt, zum Kern des psychologischen Problems vorzudringen; der Autor der Recherche *wird sich bei seinen Dialogen daran erinnern.*

Der Diener, der die Figur in ihrer Einsamkeit aufschreckt, kündigt hier den Kammerdiener an, der Swann am Ende eines Traums aufweckt, gegen Schluss von »Eine Liebe Swanns«, sowie Françoise, die am Übergang von Die Gefangene *zu* Die Flüchtige *der Hauptfigur verkündet, dass Mademoiselle Albertine fort sei.*

Der Autor von Freuden und Tage *projiziert eine uneingestehbare Liebespein hier in die Geschichte eines mysteriösen Tiers, anderen Orts in die von einem musikalischen Universum. Schon mit seinem Titel, »Das Bewusstsein, sie zu lieben«,*[1] *stimmt der Text auf die Rolle ein, die der Bewusstwerdung in der Entwicklung des Helden der* Recherche *zukommen wird, und auf dessen Umherschweifen in der Welt, innerlich umgetrieben von etwas, das allen anderen entgeht.*

1 *[»La conscience de l'aimer«: Im Titel ist das Geschlecht des Objektpronomens nicht erkennbar; Proust hat offenbar mit dieser Unbestimmtheit spielen wollen: ob es sich um die Frau handelt, die seine Liebe verschmäht, oder das Tier, das im Französischen männlichen Geschlechts ist; A. d. Ü.]*

Niemals[1] niemals – ich wiederholte mir die Worte, die sie zu mir gesagt hatte und die durch[2] die fürchterliche Stille des Wartens[3], die ihnen vorausgegangen, und der Verzweiflung, die ihnen gefolgt war, mich zum ersten Mal mein Herz hatten schlagen hören lassen, das mit sturer Regelmäßigkeit diese Worte verkündete, immer immer. Und jetzt wechselten sich die beiden Refrains in tödlicher Feindschaft verzweifelt ab, und ich hörte sie ganz nah und ganz tief, wie jenes unaufhörliche Klopfen auf dem Grund tiefer Wunden. So wich denn auch mein Diener, der eintrat und mir mitteilte, dass der Wagen[4] auf mich warte und es Zeit sei, zum Diner zu fahren[5], vor Schreck zurück, als er die von Tränen benetzte[6] Hemdbrust erblickte.[7] Ich schickte ihn hinaus, zog mich an und bereitete mich vor aufzubrechen[8]. Doch bald bemerkte ich, dass ich nicht allein im Zimmer war. Eine Art Eichkatze mit weißem Fell, die etwas von einem Haubentaucher hatte, mit weiten[9] blauen Augen und auf dem Haupt den weißen hohen[10] Federbusch eines Vogels, schien, halb verborgen hinter dem Vorhang meines Betts, mich zu erwarten. Gott[11], entfuhr es mir, wirst du mich in dieser ver-

1 Ein anderer, im Ms. ausgestrichener Anfang: *Mit völliger Klarheit nahm ich zum ersten Mal wahr, dass ich sie liebte und dass ich wahrscheinlich nicht und vielleicht nie geliebt würde und dass die Aussichten groß waren, dass ich nie geliebt werden würde. Daher*
2 Var.: *in der fürchterlichen*
3 Ms.: Wartens, *das ihnen gefolgt war*
4 Var.: dass *eine Droschke*
5 Var.: warte, *um* … zu fahren
6 Var.: die *tränengetränkte*
7 Zwischen den Zeilen ausgestrichener Satz: *Er hatte nachlässigerweise die Tür offen gelassen*
8 Var.: und *ging los*
9 Var.: großen
10 *auf dem Haupt* und *hohen*: interlineare Einfügungen
11 Hinzugefügte Passage zwischen den Zeilen bis *Aus Angst*

lassenen Welt, da doch seine Abwesenheit andauernd die vollkommenste Leere erzeugt, in dieser verzweifelten Einsamkeit sterben lassen. Willst du mir nicht vergeben, so wie du dem Menschen in den ersten Tagen der Erde vergeben hast. Mag sie mich lieben oder ich sie nicht mehr lieben. Doch das eine ist nicht möglich und das andere will ich nicht. Lass auf meinen Tränen, wie in den ersten Tagen, ein wenig Licht glänzen. Die Uhr schlug acht. Aus Angst, mich zu verspäten[1], ging ich rasch hinaus. Ich stieg in die Droschke. Mit einem elastischen und lautlosen Sprung kuschelte sich das weiße Tier zwischen meine Beine, mit der ruhigen Anhänglichkeit eines Wesens, das mich nie mehr verlassen würde. Ich betrachtete lange[2] seine Augen, in denen das tiefe und klare Blau des unendlichen Himmels gefangen schien und mit einem goldenen Kreuz bestirnt war. Sein Anblick weckte in mir ein unwiderstehliches und unendlich bittersüßes Bedürfnis zu weinen. Ich trat ein, ohne mich weiter um Sie, schöne Eichkatze, zu kümmern, aber kaum war ich bei meinen Freunden angekommen[3] und saß am Tisch, so fern von ihr und unter Leuten[4], die sie nicht kannten, überwältigte mich eine furchtbare Angst. Aber da spürte ich an meinen Beinen auch schon ein kräftiges, angenehmes Streicheln. Mit einer schnellen Bewegung seines[5] weißgefütterten Schwanzes machte das Tier es sich unter dem Tisch zu meinen Füßen bequem[6] und hielt seinen seidigen Buckel[7] wie einen Schemel[8] hin, und auf einmal verlor ich meinen Schuh und mein bloßer Fuß ruhte auf seinem Fell[9]. Hin und wieder senkte ich die Augen[10] und be-

1 Var.: *Ich stürzte die Treppe hinunter*
2 Var.: *eingehender*
3 *bei meinen Freunden angekommen*: interlineare Einfügung
4 Var.: unter *so vielen Unbekannten*
5 Var.: *Ihres*
6 Var.: *machten Sie es sich … bequem*
7 Var.: Buckel, *um meine beiden Füße zu tragen*
8 Var.: *Kissen*
9 Var.: Fell, *ich fühlte mich getröstet.*
10 Var.: *den Kopf*

gegnete kurz seinem strahlenden, ruhigen Blick.[1] Ich war nicht mehr traurig, ich war nicht mehr allein, und mein Glück war umso seliger, als es geheim war.[2] »Wie kommt es, dass Sie«, sagte mir nach dem Diner eine Dame, »wie kommt es, dass Sie kein Tier besitzen, das Ihnen Gesellschaft leistet, Sie sind doch so allein.« Ich warf einen verstohlenen Blick unter den Sessel, unter dem sich die weiße[3] Eichkatze verborgen hielt, und stammelte: »In der Tat, in der Tat.« Ich verstummte und fühlte, wie mir Tränen in die Augen stiegen.[4] Abends[5], wenn ich vor mich hin träumte, meine Finger durch ihr Fell wandern ließ, war meine Einsamkeit von so vielen anmutigen und traurigen Gefährten bevölkert, als hätte ich Melodien von Fauré[6] gespielt. Am nächsten Tag ging ich all meinen banalen Beschäftigungen nach, lief teilnahmslos durch die Straßen, besuchte mit seltener und trauriger Lust meine Freunde und Feinde. Die Gleichgültigkeit und Langeweile, die alles um mich herum färbten, waren verflogen, sobald die weiße Eichkatze, die mir überallhin folgte, sich mit der Eleganz eines königlichen Vogels und der Traurigkeit des Propheten auf ihr [*sic*] niedergelassen hatte. Liebes freundliches, lautloses Tier, wie haben Sie mir doch dies Leben lang, das Sie auf rätselhafte und melancholische Weise geschmückt haben, Gesellschaft geleistet.

1 Var.: Blick, *und ich war stolz und getröstet über diesen kostbaren Schatz, von dem keiner wusste und der sich unerwartet für mich ergeben hatte. »Sie haben da ein schönes Tier«, sagte mein Freund zu mir.*

2 Var.: *unbekannt* war. *Freundliches, lautloses Tier, dass Sie mir Gesellschaft geleistet haben [in meinem Leben] mein Leben lang, das Sie rätselhafterweise und melancholisch geschmückt haben.*

3 Var.: *blaue*

4 Var.: *an den Rand der Augen* stiegen

5 Ms.: Satz, bis *gespielt*, zwischen den Zeilen eingefügt

6 Var.: *Franck; Schumann* [angedeutet]

DAS GESCHENK
DER FEEN

Diese Art Umkehrung eines Feenmärchens erzählt, was die guten Feen an der Wiege desjenigen sagen, dessen Schicksal es ist, an Überempfindlichkeit zu leiden. Man hört darin gleichsam den inneren Monolog des hypersensiblen und kränkelnden jungen Marcel Proust: die Fee verkörpert den Pakt, den er angesichts eines solchen Lebens schicksalsergeben geschlossen hat. Das Geschenk, der innere Genius des Helden der Geschichte, erinnert unweigerlich an das Daimonion, den inneren Dämon, der Sokrates in Platons Apologie des Sokrates, *zu der sich in Prousts Schulheften Notizen finden, heimsucht.*

Etwas von dieser Situation bleibt in der allerletzten Sequenz der Wiedergefundenen Zeit *erhalten, dem »Bal de têtes«, als der Erzähler der* Recherche *nachdrücklich auf den märchenhaften Charakter dieses allerletzten, an einen Maskenball gemahnenden mondänen Empfangs verweist. Bemerkenswert ist hier, wie die lehrhafte Fabel nach und nach an die Stelle des Märchens tritt. Tatsächlich beherrscht diese Dialektik von Märchenhaftem und Realismus alle Stücke der* Freuden und Tage.

*Es handelt sich um zwei disparate Texte, die auch unterschiedlich stark ausgearbeitet sind. Der erste bereitet Prousts Essay über Chardin und Rembrandt vor, weist aber noch nicht die Form der Fabel auf: »Nehmen Sie einen jungen Mann in bescheidenen Verhältnissen« usw. (*Essays, Chroniken und andere Schriften, *S. 89). Sichtbar wird hier, wie die von den guten Feen verteilten Gaben sich entwickeln. Thema ist das Schauspiel der »Erleuchtungen«, die jene vereinzelten Erleuchtungen des Helden der* Recherche *vorbereiten, bis hin zu den abschließenden Enthüllungen, die ein Entwurf zur* Wiedergefundenen Zeit *»Erleuchtungen à la Parzival« nennen wird (*À la recherche du temps perdu, *Bd. IV, S. 1389).*

Im Gegenzug streuen die Feen über das künftige Geniewesen perspektivisch ein ganzes Leben voller Leid und Schmerz aus, was der niedergedrückte junge Mann mit einer Formulierung Baudelaires kommentieren könnte: »Ich habe mehr Erinnerung, als wär ich tausend Jahre alt« (Charles Baudelaire, Die Blumen des Bösen, *aus dem Französischen von Simon Werle, Reinbek b. Hamburg: Rowohlt, 2017, S. 211).*

*Ein zeitweiliger Freund Prousts, René Peter, hat bezeugt (allerdings datiert sein Umgang mit Proust aus einer späteren Epoche, 1906): »Marcel mochte den Ausdruck ›alt‹, wenn er von sich selbst sprach, und machte sich damit auf eine übertriebene und fast lächerliche Weise älter« (*Une saison avec Marcel Proust, souvenirs, *Paris: Gallimard, 2005, S. 31); und er (René Peter) konstatierte, dass der fünfunddreißigjährige Mann mit diesem »fiktiven Altersunterschied« (S. 32) zu den anderen auftrumpfte. Der Ursprung und die affektiven Gründe dieses Verhaltens sind hier nachzulesen.*

Dem Verzicht auf die Freuden des Ausgehens steht hier die Betrachtung eines Baums, eines Astes gegenüber, wovon Reynaldo Hahn ein berühmtes Zeugnis hinterlassen hat, das sich auf Proust bezieht (siehe weiter vorn, S. 77) und das auf Seiten der Fiktion den Ausruf des Helden in der Wiedergefundenen Zeit *umso ergreifender macht – »Bäume, dachte ich, ihr habt mir nichts mehr zu sagen« (*Die wiedergefundene Zeit, *S. 240) –, da sie doch die unvermeidlichen Gesprächspartner dessen waren, der nicht in vollen Zügen leben konnte.*

Vor allem zeichnet sich hier in sonderbarer Klarheit die Situation des Helden der Recherche *ab, der ängstlich hofft, Gilberte in den Anlagen der Champs-Élysées wiederzutreffen. Hier geht es darum, einen kleinen Jungen wiederzutreffen, der etwas rüde Manieren aufweist, wovon etwas an Gilberte haften bleiben wird. An den Varianten sieht man, welche Vorkehrungen der Erzähler trifft, um zu der lebhaften Hoff-*

nung berechtigt zu sein, einen Kameraden zu treffen: die Fee wendet sich an ein kleines Mädchen.

Der zweite Abschnitt, im Ton der wieder verworfenen Texte des Sammelbands gehalten, gibt mit am intensivsten die biographischen Ursprünge der späteren Romanepisoden wieder.

An unserer Wiege bringen uns die Feen die Geschenke dar, die die Süße unseres Lebens ausmachen werden.[1] Der einen wissen wir uns sehr schnell und aus eigener Kraft[2] zu bedienen, es scheint, als brauchte niemand uns beizubringen, wie man leidet.[3] Für die anderen gilt das nicht.[4] Häufig ruht[5] eine reizende Gabe tief in uns und wir kennen sie nicht einmal. Und dann muss ein guter Geist[6] den Teil der Seele, in dem sie verborgen liegt, erhellen, sie uns zeigen, uns ihren Wert lehren. Oft lassen wir nach dieser plötzlichen Erleuchtung das kostbare Geschenk wieder in nutzlose Vergessenheit geraten, bis erneut ein guter Geist erscheint, es nimmt und in unsere Hände legt. Diese guten Geister sind jene, die man gemeinhin geniale Menschen nennt. Wie trist und düster wäre das Leben für all diejenigen unter uns, die keine Genies sind, wenn nicht Maler, Musiker und Dichter sie zur Entdeckung der äußeren wie der inneren Welt geführt hätten. Das ist der Dienst, den uns diese guten Geister erweisen, sie lassen uns selbst unbekannte Kräfte[7] unserer Seele entdecken, die wir verstärken[8], indem wie sie nutzen.[9] Unter[10] diesen Wohltätern[11] will ich heute die Maler loben[12], die

1 Var.: die *die Freude oder das Unglück unseres Lebens wie anderer* [abgebrochen] ausmachen werden. Entwurf: *Wir lernen sehr rasch, uns derer zu bedienen, die*
2 *und aus eigener Kraft*: interlineare Einfügung.
3 Entwurf: *Aber für uns bewahren wir oft lange die anderen die Geschenke*
4 Entwurf: *Die meisten von uns bleiben lange tief im Innern der meisten von uns*
5 Var.: *ist … verborgen*
6 Entwurf: Geist *kommen*
7 Var.: *ungenutzte Schätze*
8 Entwurf: die … *vergrößern*
9 Entwurf: nutzen. *Ich möchte heute ein wenig von dem Dienst sprechen, den uns*
10 Var.: *Von*
11 Entwurf: Wohltätern *haben die Maler*
12 Entwurf: Maler loben. *Wer von uns, heimgekehrt von einem Besuch*

uns die Welt und das Leben verschönern. Ich kenne eine Dame, die, wenn sie aus dem Louvre kam, mit geschlossenen Augen ging, um nach den vollkommenen Figuren Raffaels, nach den Wäldern Corots nicht mehr die Hässlichkeit der Passanten und der Straßen von Paris sehen zu müssen. Die Genies konnten ihr über das Geschenk der Feen hinaus nichts geben, und sicher ging von diesem Geschenk wenig Friedvolles aus. Wenn ich aus dem Louvre gehe, gehe ich nicht[1] von den Wunderwerken fort, nein, ich setze sie fort, ich fange überhaupt erst an, nach dieser Initiation, mit der Sonne und den Schatten auf dem Stein, einer gestriegelten feuchten Stelle an den Flanken der Pferde, einem Streifen von grauem oder blauem Himmel zwischen den Häusern, dem Aufschein des Lebens in den glänzenden oder trüben Augen der Passanten. Heute bin ich im Louvre vor allem vor drei Malern stehen geblieben, die sich nicht ähneln und die alle drei mir einen wunderbaren und jeweils anderen Dienst erwiesen haben. Das sind Chardin, Van Dyck und Rembrandt.

Eine[2] Fee beugte sich über seine Wiege und sagte traurig:
Mein Kind,
meine Schwestern haben dir Schönheit, Mut[3], Sanftheit geschenkt[4]. Du[5] wirst dennoch leiden, denn leider[6] muss ich den ihren meine Gaben hinzufügen. Ich[7] bin die Fee der unverstandenen Feinfühligkeiten. Alle Welt wird dir weh tun, dich verletzen, jene, die du nicht lieben, wie jene, die du erst recht lieben

1 Entwurf: *verlasse* ich … *nicht*
2 Ein begonnener Satz am Seitenanfang durchgestrichen: *Durch das unerbittliche Schicksal gezwungen*
3 Var.: *Kraft*
4 Var.: *gebracht*
5 Var.: *Trotz dieser Gaben*
6 *leider*: interlineare Einfügung
7 Var.: *Und* ich

wirst.[1] Da selbst leichtere Vorwürfe, ein wenig Gleichgültigkeit[2] oder Ironie[3] dir häufig Leid zufügen werden, wirst du denken, dass es unmenschliche, zu brutale Waffen seien, als dass du es wagen solltest, sich ihrer zu bedienen, selbst gegen die Bösen. Denn unwillentlich wirst du dich ihnen mit deiner Seele und deiner Leidensfähigkeit ausliefern. Wodurch du wehrlos sein wirst. Auf der Flucht vor der Rohheit der Männer wirst du zunächst die Gesellschaft der Frauen suchen, deren Haar, Lächeln, Gestalt und Duft des Leibes so viel Sanftheit verbergen. Doch die in ihrer Freundschaft einfallreichsten werden dir unwissentlich Kummer bereiten, inmitten der Liebkosungen Wunden beibringen[4] und kratzen, indem sie auf empfindlichen Saiten spielen, die ihnen unbekannt sind.[5] Genauso wenig wird man deine Zuneigung verstehen, die durch ihr übersteigertes Feingefühl und ihre Heftigkeit irres Lachen oder Argwohn auslöst.[6] Da die anderen kein Muster dieses Leidens noch dieser Zuneigung[7] in sich tragen, die sie in dir wecken, ohne sie zu begreifen, wirst du ständig falsch verstanden werden. Niemand wird dich je zu trösten noch zu lieben wissen. Dein Körper aber, der schon verbraucht ist, noch bevor er zu Diensten sein konnte, wird den Nachwirkungen der Aufwallungen und Angelegenheiten deines

1 Entwürfe im Ms.: wirst. *Du wirst schutzlos sein gegen die Bösartigen. Ihnen ganz selbstverständlich Wahrnehmen, wie ihre Seele sich in deiner widerspiegelt*

2 Var.: *die selbstverständlichste* Gleichgültigkeit

3 Var.: die *am wenigsten bittere* Ironie

4 Var.: beibringen, *so wie Katzen inmitten von Liebkosungen zubeißen und mit ihren samtenen Pfoten kratzen*

5 Var.: sind. *Die geringste Anteilnahme wird dir guttun, so viel … zurückbringen, geteilt, wird deine Liebe um so vieles subtiler*

6 Im Ms. gestrichene Passage: *Bewahre sie dennoch (trotz) ohne zu hoffen [begegnen] sie je [Herz] mit jemandem auszutauschen. Ist man nicht liebevoll zu dir, [eines Tages wirst du einen Unglücklichen erfreuen, indem du liebevoll zu ihm bist] so wirst du doch Gelegenheit erhalten, liebevoll zu sein, und du wirst diesen unbekannten und exquisiten Duft freigebig auf die Füße derer ausbreiten, die leiden.*

7 Var.: Zuneigung, *die du empfindest*

Herzens nicht standhalten. Du wirst häufig Fieber bekommen. Du[1] wirst nicht schlafen können[2], ständig erschauern. Deine[3] Freuden werden so an ihrer Quelle zunichte. Sie zu empfinden wird dir weh tun. In dem Alter, in dem die kleinen Jungen[4] lachen und spielen, wirst du über die Regentage weinen, weil man dich nicht in die Anlagen der Champs-Élysées führt, wo du mit einem kleinen Mädchen[5] spielen wirst, das du lieben wirst und das dich schlagen wird, und an den Sonnentagen, an denen ihr euch sehen werdet, wirst du weiter traurig sein darüber, dass du es nicht so hübsch[6] findest wie in den Vormittagsstunden, in denen du, allein[7] in deinem Zimmer, auf den Augenblick[8] wartetest, es[9] zu sehen. In dem Alter, in dem die kleinen Jungen[10] fiebrig den Frauen nachlaufen[11], wirst du unaufhörlich nachdenken, und du wirst bereits weitaus mehr erlebt haben als die ganz alten Leute. Und so wirst du, wenn du deinen Eltern Rede und Antwort stehst[12] und sie sagen hörst: eines Tages, wenn Sie mehr erlebt haben, wenn Sie erst einmal unsere Erfahrungen gemacht haben, werden Sie nicht mehr so denken, nur aus Respekt verschämt lächeln[13]. Dies sind die traurigen Gaben, die ich dir bringe, die ich dir bringen musste, und die du leider auch nicht von dir weisen und vernichten kannst: sie bleiben die düsteren Sinnbilder deines Lebens bis zu deinem Tod.

1 Entwurf: Du *wirst immer*
2 Var.: Du *wirst schlecht schlafen*
3 Var.: *Alle* deine
4 Var.: *kleinen Mädchen*
5 Var.: *einem kleinen Jungen*
6 Var.: *ihn* nicht so hübsch
7 Var.: *allein [weibliche Endung im Französischen]*
8 *auf den Augenblick*: interlineare Einfügung
9 Var.: *ihn*
10 Var.: *kleinen Mädchen*
11 Var.: *eitel [weibliche Endung im Französischen] werden*
12 *wenn du deinen Eltern Rede und Antwort stehst*: interlineare Einfügung
13 Entwurf: *wirst du nur mit den Schultern zucken*

Da ließ sich eine Stimme leise und fest vernehmen, leicht wie ein Hauch und dem Zwischenreich gleich, dem sie entstammte, aber alle Stimmen der Erden und der Lüfte[1] beherrschend durch die sanfte Sicherheit ihres Tonfalls: Ich bin die Stimme derjenigen, die noch nicht ist, aber die aus deinem unverstandenen Kummer, deiner verkannten Liebe, aus dem Leiden deines Leibes geboren werden wird. Und da ich dich nicht von deinem Schicksal zu befreien vermag, werde ich es mit meinem göttlichen Odem durchdringen. Höre mir zu, sei getrost, denn ich sage dir: Ich werde dir die Schönheit zeigen, die in der Trauer deiner verschmähten Liebe, deiner offenen Wunden liegt, eine so süße Schönheit, von der du deinen von Tränen benetzten, aber verzauberten Blick nie mehr wirst abwenden können. Die Härte, die Dummheit, die Gleichgültigkeit der Männer und Frauen werden sich für dich in Vergnügung verwandeln, denn sie ist tief und vielfältig. Und es wird sein, als ob ich dir mitten im Menschenwald die Binde von deinen Augen genommen hätte und du[2] mit beglückter Neugier[3] vor jedem Stamm, vor jedem Ast stehen geblieben wärst. Gewiss wird dich die Krankheit vieler Freuden berauben. Du wirst kaum auf die Jagd, ins Theater gehen, in der Stadt dinieren können, aber du wirst anderen Beschäftigungen nachgehen können, die die Menschen gemeinhin vernachlässigen und die du in dem Augenblick, da du dem Leben entsagst, vielleicht für die einzigen wichtigen Beschäftigungen halten[4] wirst. Vor allem übrigens, wenn ich sie befruchte, besitzt[5] die Krankheit Kräfte, die die Gesundheit nicht kennt. Die Kranken, denen ich meine Gunst erweise, sehen oft viele Dinge, die den Gesunden entgehen. Und hat die Gesundheit ihre Schönheit, die die gesunden Menschen kaum

1 *und der Lüfte*: interlineare Einfügung
2 Entwurf: du *stehen bliebst*
3 Var.: mit *Freude*
4 Var.: *als die einzigen wichtigen Beschäftigungen ansehen wirst*
5 Var.: *weist … auf*

wahrnehmen, so hat die Krankheit ihren Reiz, den du in vollen Zügen genießen wirst. *[Ein Satz aus lauter durchgestrichenen Ausdrücken.]* Dann wird die Schicksalsergebenheit in deinem Herzen aufblühen können, das von den Tränen benetzt ist, wie die Felder, die nach dem Aprilregen sogleich von Veilchen bedeckt sind. Was deine Liebe angeht, hoffe nicht, dass sie jemals erwidert wird. Sie ist etwas zu Seltenes. Aber desto mehr lerne, sie zu verehren. Es ist bitter und süß zugleich, zu geben, ohne auf Gegengabe hoffen zu dürfen. Zudem, auch wenn man dir gegenüber nicht liebevoll ist, wirst du häufig[1] Gelegenheit bekommen, liebevoll zu den anderen zu sein, und du wirst mit stolzer Güte, die niemand anderem möglich ist, diesen unbekannten und auserlesenen Duft großherzig auf die ermüdeten Füße derer versprühen, die leiden.

Jetzt wird auch verständlich, dass Proust sich an diesen Text erinnerte, als er in seinem Aufsatz »John Ruskin«, der erstmals 1900 in der Gazette des Beaux-Arts *erschien, über diesen schrieb: »er bleibt eines jener ›Genies‹, deren selbst jene unter uns, die bei ihrer Geburt von Feen beschenkt wurden, bedürfen, um in die Erkenntnis und die Liebe eines neuen Teils der Schönheit eingeweiht zu werden« (*Nachgeahmtes und Vermischtes, *S. 176).*

1 Var.: *dennoch*

»SO HATTE ER GELIEBT ...«

Noch ein Gleichnis über das Verhältnis zwischen Leid und Glück, das auf Gott den Schöpfer zurückgreift – ein Mittel, die Frage der Moral zu schärfen, indem deren Anwendungen in der Gesellschaft ausgeblendet werden. Als der Held von Im Schatten junger Mädchenblüte *das Atelier von Elstir betritt, unterstreicht der Erzähler: »wenn Gottvater die Dinge schuf, indem er sie benannte, so schuf Elstir sie von neuem, indem er ihnen einen Namen entzog oder ihnen einen anderen gab«* (Im Schatten junger Mädchenblüte, *S. 589). Das Gleichnis der Zugvögel kündigt den Vergleich an, den der Schriftsteller später zwischen der Entwicklung einer künstlerischen Berufung und der Kursnahme einer Brieftaube anstellen wird.*

So hatte er auf Erden geliebt und gelitten, und Gott[1] wandelte sein Herz so oft, dass er sich nur mühevoll erinnern[2] konnte, durch wen er Leid erfahren und wo er geliebt hatte. Von jenen Augenblicken[3] nun, deren Erwartung den Reiz eines dieser Jahre ausgemacht hatte, die sich immer nur zu nähern schienen[4] und die er über den Tod hinaus hätte bewahren wollen, fand er im Jahr darauf[5] in seinem Gedächtnis so wenig eine Spur wie Kinder nach der Flut Spuren ihrer so leidenschaftlich verteidigten Sandburgen finden. Zeit wie Meer reißen alles mit sich, zerstören alles, auch unsere Leidenschaften, nicht durch Wellen, sondern durch das stille, unmerkliche und sichere Ansteigen ihrer Flut gleich Kinderspielen. Und wenn er zu sehr unter Eifersucht litt, trennte Gott ihn eigenhändig von derjenigen, durch die er sein Leben lang hätte leiden wollen, wenn er durch sie nicht glücklich sein konnte. Doch Gott wollte nicht wie er[6], weil er ihm die Gabe des Gesangs geschenkt hatte und der Schmerz ihn nicht vernichten sollte. Und so schickte er begehrenswerte Geschöpfe auf seinen Weg und riet ihm selbst zur Untreue. Denn er duldet nicht, dass die Schwalben, die Albatrosse und die anderen kleinen Sänger an Kummer und Kälte auf der Erde sterben, die sie bewohnen. Wenn dann die Kälte sie doch erfasst, flößt er ihnen ins Herz das Verlangen ein, wegzuziehen, damit sie nicht gegen ihr Gesetz verstoßen, das weniger darin besteht, dem Boden treu zu sein, als zu singen.

1 Entwurf: Gott *hatte*
2 Var.: dass er *sich nicht erinnerte*
3 Var.: *fiebrig erwarteten* Augenblicken
4 Var.: *nie eintraten*
5 *im Jahr darauf*: interlineare Einfügung
6 Entwurf: er, *und er war es, der ihm riet*

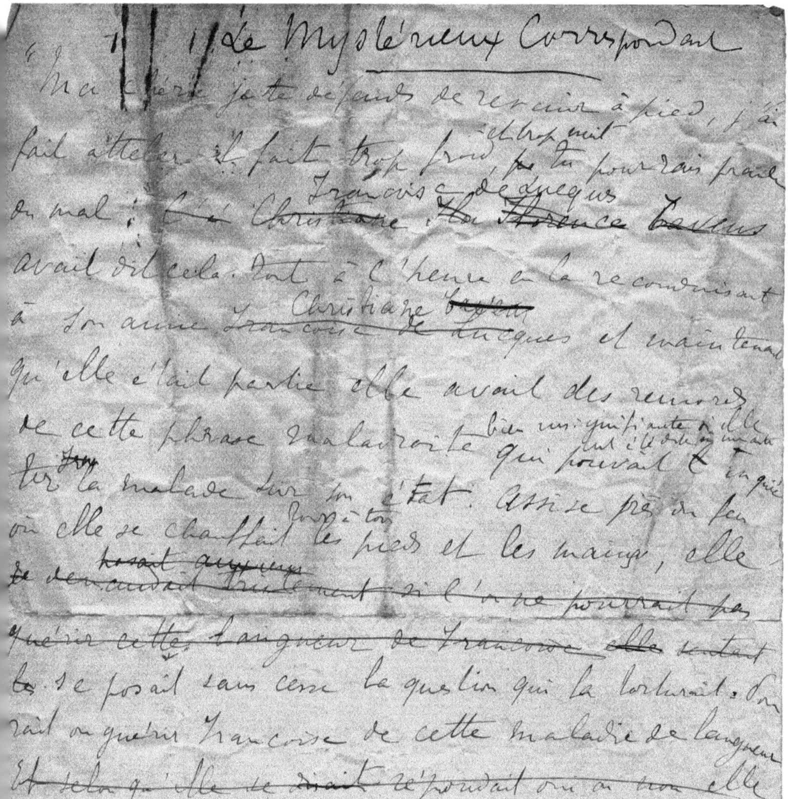

Der geheimnisvolle Briefschreiber (*Le Mystérieux Correspondant*),
Anfang des handschriftlichen Manuskripts [1]

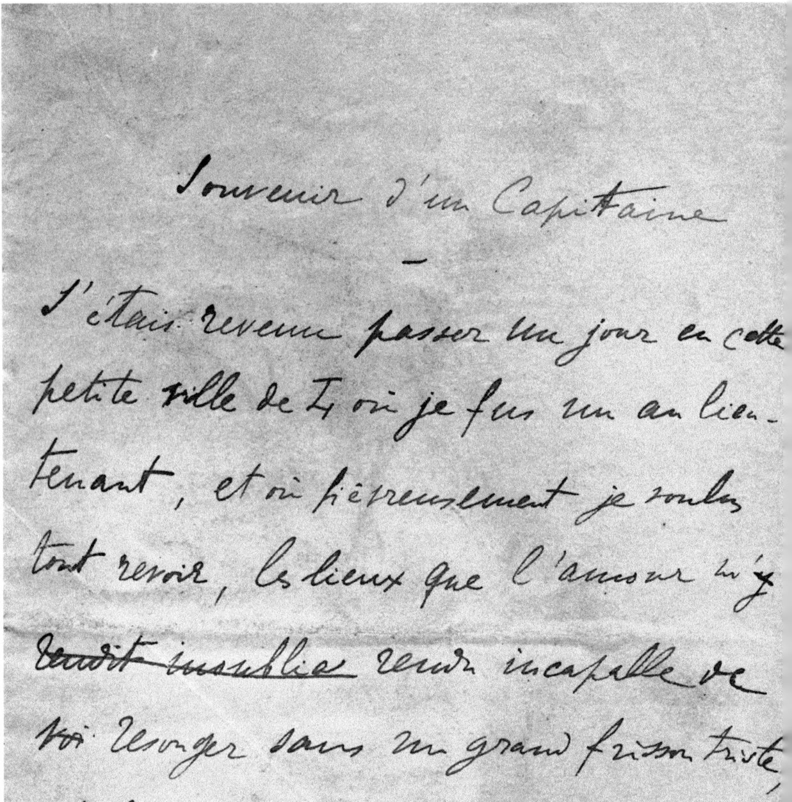

Souvenir d'un Capitaine

—

J'étais revenu passer un jour en cette petite ~~ville~~ ville de L. où je fus un an lieutenant, et où fiévreusement je voulus tout revoir, les lieux que l'amour m'y ~~rendit inoublia~~ rendu incapable de ~~voi~~ resonger sans un grand frisson triste, et les ~~autres~~ lieux, si humbles pourtant, comme les murs de la caserne et notre ~~petit~~ jardinet, parés seulement des ~~diverses~~ grâces diverses que la lumière porte avec elle selon l'heure, l'humeur du temps et la saison; ~~ceux là~~ ~~à jamais~~ ~~Ces~~ lieux — là ~~restent~~ à jamais

Erinnerungen eines Hauptmanns (Souvenir d'un Capitaine),
Anfang des handschriftlichen Manuskripts [2]

Postkarte an Marcel Proust aus dem Jahr 1906 mit dem Käfig des Kardinals La Balue [3]

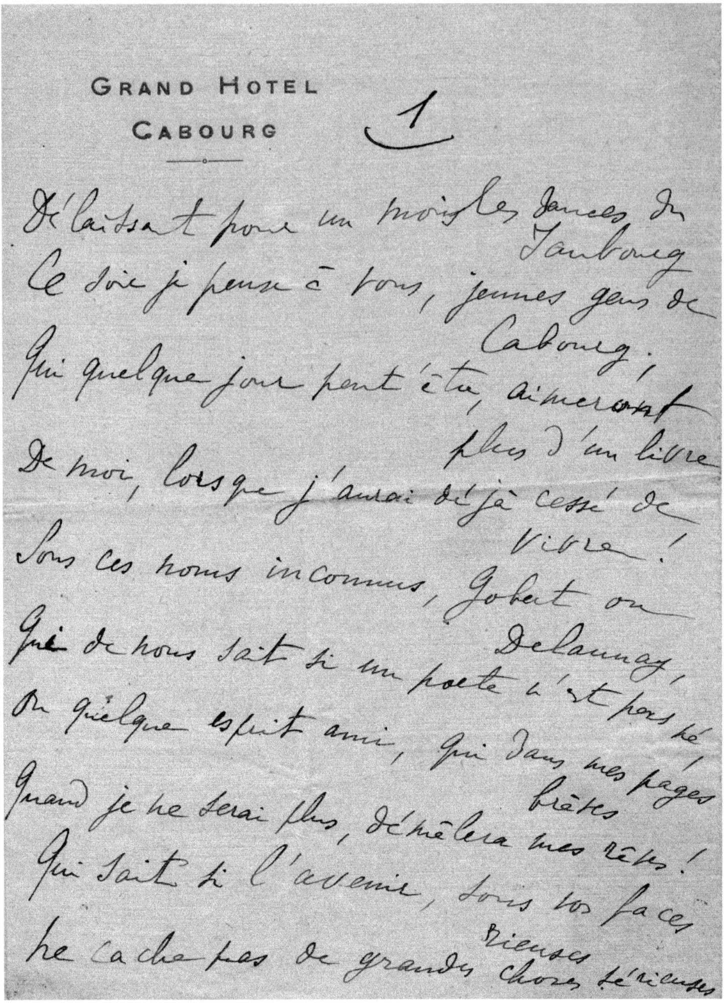

GRAND HOTEL
CABOURG

1

Délaissant pour un mois les danses du Faubourg
Ce soir je pense à vous, jeunes gens de Cabourg,
Qui quelque jour peut-être, aimeront plus d'un livre
De moi, lorsque j'aurai déjà cessé de vivre!
Sous ces noms inconnus, Gobat ou Delaunay,
Qui de nous sait si un poete n'est pas né,
Ou quelque esprit ami, qui dans mes pages brèves
Quand je ne serai plus, démêlera mes rêves!
Qui sait si l'avenir, sous vos faces rieuses
Ne cache pas de grandes choses sérieuses

Ode an die »junge Männerblüte« von Cabourg,
Anfang des handschriftlichen Manuskripts [4]

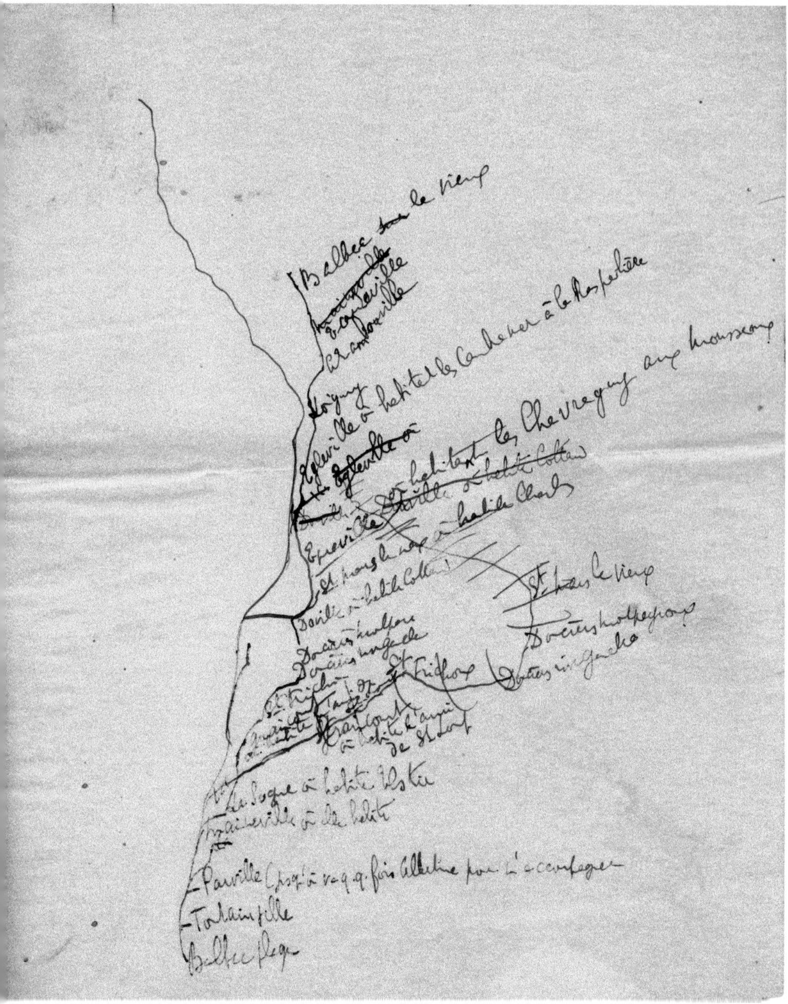

Fiktiver Plan der normannischen Meeresküste
rund um den Ort Balbec [5]

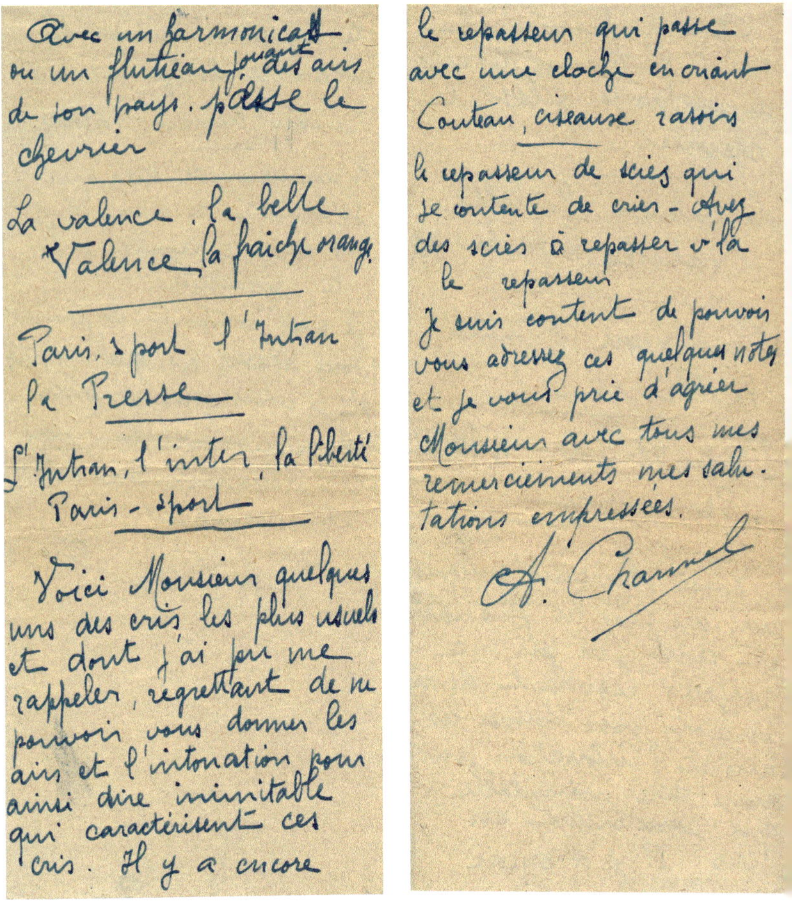
Avec un harmonica
ou un flutieau jouant des airs
de son pays. passe le
chevrier

La valence. la belle
Valence, la fraiche orange

Paris-sport l'Intran
la Presse

l'Intran, l'inter, la liberté
Paris-sport

Voici Monsieur quelques
uns des cris les plus usuels
et dont j'ai pu me
rappeler, regrettant de ne
pouvoir vous donner les
airs et l'intonation pour
ainsi dire inimitable
qui caractérisent ces
cris. Il y a encore

le repasseur qui passe
avec une cloche en criant
Couteau, ciseause rasoirs

le repasseur de scies qui
se contente de crier - Avez
des scies à repasser v'la
le repasseur
Je suis content de pouvoir
vous adressez ces quelques notes
et je vous prie d'agréer
Monsieur avec tous mes
remerciements mes salu-
tations empressées.

A. Charmel

Liste der Rufe der Straßenhändler, so wie sie Prousts Concierge Charmel für ihn notierte [6]

Différents cris de Paris

Tonneaux – oh tonneaux
V'la le marchand de tonneaux !

V'la Vitrier – er (bis)

A la moule fraiche et bonne
ahhh la moule

V'la le maquereau frais
V'la le maquereau

Merlan à frire, à frire

J'ai du bon mouron
pour les p'tits oi-seaux

Marchands d'habits, chiffons
ferraille à vendre

avec une crécelle
Amusez-vous Mesdames, V'la le plaisir

Avec une corne

Avez-vous des chaises à ~~rempailler~~ cannez à rempailler
V'la le rempailleur

Avec une trompette

Tond les chiens, coupe les chats les queues et les oreilles

Bon fromage à la crème
bon fromage

Ah la tendresse à la verdure
Artichauds verts et tendres artichauds

Pois verts, pois verts au boisseau pois verts.

Haricots verts et tendres Haricots

Avec une trompette
Raccommodeur de faïence et porcelaine

musique petit fifre

Voilà le réparateur
de fayence et de porcelaine
Je répare le verre
le marbre le cristal
l'os l'ivoire l'albatre
et objets. d'antiquité
Voilà le réparateur

Voilà le tondeur de chie
tondeur de chi
Voilà le coupeur de cha
coupeur de chat

~~Racommodeur de chaises~~
Rempailleur
voilà le racommodeur
Rempailleur

AN DEN QUELLEN VON
»AUF DER SUCHE NACH DER VERLORENEN ZEIT«

von Luc Fraisse

Der von Bernard de Fallois gesammelte Proust-Nachlass, der der Bibliothèque nationale de France vermacht wurde, enthält Dokumente und Manuskripte, die unser Wissen über den Autor und sein Werk in vielfacher Hinsicht erweitern. Nach den hier weitgehend zum ersten Mal veröffentlichten Erzählungen verlassen wir jetzt die Epoche der *Freuden und Tage* und versetzen uns in die Jahre, in denen *À la recherche du temps perdu* entsteht. Dabei erwartet uns eine Reihe von Richtigstellungen und Neubewertungen dessen, was wir bisher wussten, nicht ohne gelegentliche Überraschungen.

Proust kannte den Soziologen Gabriel Tarde

Es war in erster Linie Anne Henry, die 1981 aufdeckte[1], dass die Romanwelt der *Recherche* wesentlich von der Theorie des Soziologen Gabriel Tarde (1843-1904) geprägt ist. Dieser entwickelt insbesondere in den beiden Werken *Les Lois de l'imitation* und *La Logique sociale*[2] die Theorie, dass soziale Gruppen sich zu einem Ganzen fügen, indem möglichst viele Erfinder nachgeahmt werden; in deren Köpfen entstehen neue Konzeptionen, die dann in rascher Folge von einer Armee von Kopisten aus allen Schichten der Gesellschaft aufgegriffen werden. Einer Gesellschaft, in der ständig ein *logischer Zweikampf* im Gange ist zwischen einer vorherrschenden, einflussreichen und bald überholten Konzeption und einer neuen, rebellischen, minoritären, aber bald siegreichen. Ab *Unterwegs zu Swann* wird gezeigt, wie der kleine Clan der Verdurins, der »kleine Kern« der Habitués, die »Patronne« imitiert, die »Gastgeberin«, die den Ton angibt, und von »Eine Liebe Swanns« an, aber vor allem im weiteren Verlauf des Romanzyklus, kann sich die Duchesse de Guermantes, die ihrerseits den Ton im Faubourg Saint-Germain angibt, das erlauben, was der Soziologe eine »Gegen-Nachahmung« nennt, das heißt, sich von den Gesetzen der Soziabilität, die man selbst angeregt hat, auszunehmen.

Es steht außer Zweifel, dass das gesamte Personal der *Recherche* und selbst noch die ästhetische Anschauung des Erzählers in

1 Anne Henry, *Marcel Proust, théories pour une esthétique*, Paris: Klincksieck, 1981, S. 344-365.

2 Paris: Félix Alcan, 1890 und 1895; dt. *Die Gesetze der Nachahmung*, aus dem Französischen von Jadja Wolf, Frankfurt am Main: Suhrkamp, 2003 [siehe auch *Monadologie und Soziologie*, mit einem Vorwort von Bruno Latour, aus dem Französischen von Juliane Sarnes und Michael Schillmeier, Frankfurt am Main: Suhrkamp, 2009; *Die sozialen Gesetze*, deutsche Übersetzung von Hans Hammer, Marburg: Metropolis-Verlag, 2009; A. d. Ü.].

unendlichen Variationen von dieser Theorie geprägt ist.[1] Doch fehlten bis jetzt die Nachweise, dass der junge Romancier tatsächlich mit der Theorie der Nachahmung in Kontakt gekommen war, die der Soziologe am Collège de France vortrug und die bis in die École libre des Sciences politiques vorgedrungen war, wo Proust parallel zur Vorbereitung auf sein Jura-Lizentiat an der Fakultät von Paris zwischen 1891 und 1893 Kurse belegt hatte, vor der Vorbereitung seines Lizenziats in Literatur mit der Option Philosophie zwischen 1883 und 1895 an der Sorbonne.

Zwei neue Dokumente geben uns heute darüber Aufschluss.

Zum einen geht aus einer umfassenden Bestandsaufnahme der Bibliothek und der Archive Gabriel Tardes hervor, dass der Soziologe drei Bücher Adrien Prousts mit Widmung des Autors besaß.[2] Das erste ist *L'Orientation nouvelle de la politique sanitaire: conférences sanitaires internationales (Venis, Dresde, Paris), règlement de police sanitaire maritime de 1896*.[3] Die Widmung lautet: »À M. Tarde, membre de l'Institut, respectueux hommage«. Das zweite ist *La Défense de l'Europe contre la peste et la conférence de Venise de 1897*,[4] mit einer gleichlautenden Widmung. Das dritte ist der *Traité d'hygiène*,[5] gewidmet »À M. Tarde, membre de l'Institut, hommage très respectueux«.[6] Der Soziologe gehörte somit zum Umfeld von Adrien Proust, offenbar durch lose

1 Siehe Luc Fraisse, *L'Éclectisme philosophique de Marcel Proust*, Paris: PUPS, »Lettres françaises« 2013, Kap. XVII, »Gabriel Tarde ou la philosophie faite roman«, S. 959-1038.

2 Siehe *Le Laboratoire de Gabriel Tarde. Des manuscrits et une bibliothèque pour les sciences sociales*, herausgegeben unter Leitung von Louise Salmon, Paris: CNRS Éditions, 2014, »Inventaire du fonds de la *bibliothèque*«, erstellt von Jack Garçon, S. 395.

3 Paris: Masson, 1896.

4 Paris: Masson, 1897.

5 Veröffentlicht zusammen mit Henri Bourges und Arnold Netter, Paris: Masson, 1902.

6 Der Wortlaut der Widmungen wurde uns freundlicherweise von Jack Garçon mitgeteilt, dem wir hiermit herzlich danken.

Bekanntschaft in der Welt des Institut de France. Aber was war mit dessen Sohn, dem Schriftsteller?

Eine handschriftliche Seite erbringt den endgültigen Beweis, dass Proust Person und Schriften des Soziologen kannte. Diese nachfolgend abgedruckte Seite muss zu ihrem Verständnis kontextualisiert werden.

Gabriel Tarde hält 1896 an der École libre des Sciences politiques eine Vorlesungsreihe, »Les éléments de la sociologie politique«. Die Antrittsvorlesung findet am 7. Januar vor etwa fünfzig Zuhörern statt.[1] Charles Benoist (1861-1936), Journalist und Politiker, gibt seine Erinnerungen an diese Veranstaltung mit den folgenden Worten wieder: »Ich erinnere mich an die Antrittsvorlesung, die Gabriel Tarde hielt, zu dieser Vorlesungsreihe, deren Thema er völlig frei hatte wählen können«; »während ich ihm zuhörte, betrachtete ich die aufs Rednerpult gerichteten Gesichter, die nach und nach und immer deutlicher einen verzückten Ausdruck annahmen. Was er sagte, war von solchem Überfluss, solchem Reichtum, von einer solchen Fülle an Bildern und Wendungen. Es war ein Sprudeln oder vielmehr Brodeln einfallsreicher, subtiler, gewagter Beobachtungen, denn Tardes Geist lief stets auf Hochtouren.«[2]

Die nachstehend wiedergegebene Seite zeigt, dass Marcel Proust zu diesen fünfzig dem Rednerpult zugewandten Studenten gehörte. Der Ton des Textes legt die Vermutung nahe, dass er einen Bericht plante. Im Folgenden also das, was er vom Soziologen und dessen Schriften wusste.

1 Nach der Besprechung in der *Revue internationale de sociologie*, 4. Jahr, Nr. 1, Januar 1896, S. 86.

2 Gabriel Tarde, *Discours prononcés le 12 septembre 1909 à Sarlat à l'inauguration de son monument*, Sarlat: Michelet imprimeur, 1909, S. 87-88. Für eine allgemeine Situationsbeschreibung siehe Louis Salmon, »Gabriel Tarde et la société parisienne à la fin du XIXe: rapides moments de vie sociale (1894-1897)«, *Revue d'Histoire des sciences humaines*, 2005-2 (Nr. 13), S. 127-140.

Lange Zeit wusste das Publikum von Monsieur Tarde nur eines, nämlich[1] dass es nichts über ihn wusste;[2] dass er unendlich lange Untersuchungsrichter in Sarlat war, machte noch stärker auf diesen großen Denker aufmerksam als jede noch so schnelle Beförderung, und so ist es gewissermaßen sein Schattendasein, das am Anfang seiner Berühmtheit stand.[3] Nunmehr in Paris angesiedelt, wo er einen bedeutenden Posten in der Verwaltung bekleidet, begann[4] M. Tarde gestern an der École des Sciences politiques[5] seine Vorlesungsreihe über die »Elemente der Soziologie«. Eher intuitiv denn als Logiker, was nicht heißt: weniger als Denker denn als Poet[6], gewiss das Denken[7] mit dem Denken ansprechend, aber auch mit der Einbildungskraft[8], die die Überzeugungskraft[9] der Argumente durch die Autorität der schönen und starken Bilder ergänzt, wobei er bisweilen[10] in das feste Gewebe einer Beweisführung die rätselhaften Fäden der Analogie, die funkelnden Stickereien der Metapher eindringen ließ, hat Monsieur Tarde eine Vorlesung gehalten, wie nur er,[11] Philosoph und Poet wie Monsieur Darlu, sie halten konnte und in der er, um deren Größe und Poesie noch spürbarer zu machen, die in den Gesellschaften waltenden Gesetze jederzeit[12] ins Reich der Pflanzen und der Sterne hinein verlängerte. Der bewundernswerte Autor der *Gesetze der Nachahmung* sollte

1 Var.: *ich will sagen*
2 Entwurf: wusste; *und das Fehlen jedes Vorankommens in*
3 Entwurf: stand. *Er begann*
4 Var.: *hielt*
5 Entwurf: politiques, *wo er jeden Dienstag seine Vorlesung halten wird*
6 Entwurf: Poet, *die Einbildungskraft in dem Augenblick [faszinierend] bezaubernd, in dem*
7 Var.: *die Sprache*
8 Einbildungskraft, *[die Argumente ergänzend] die Autorität ergänzend*
9 Var.: *die Autorität*
10 Entwurf: *so weit ging, dass er … einflocht*
11 Entwurf: er, *oder ein Poet*
12 *jederzeit*: interlineare Einfügung

wie ein Emerson, wie ein Carlyle den Einzelnen, und zumal den Einzelnen, für die die Gesellschaft besonders empfänglich ist und die als »große Menschen« bezeichnet werden, in der Soziologie einen breiten Platz einräumen. »Der große Mensch kommt[1] zu seiner Stunde, oder zu der ihm eigenen Stunde. Was aber die Stunde[2] seines Landes betrifft, so wird er sie nach Gutdünken hinauszögern oder früher eintreten lassen.« Monsieur Tarde wird die unsere so lange hinauszögern dürfen, wie er möchte. Als er sich Viertel nach 3 Uhr entschuldigte, seine Zuhörerschaft so lange aufgehalten zu haben, hat langer Applaus ihm bewiesen, dass wir, gewiss nach den Gesetzen der Nachahmung, bereits von seiner diskursiven Art des Sprechens geformt waren und ihn nur um eines baten: »die häufige Wiederholung«, um ihn zu zitieren, »seiner einzigartigen Individualität«.

1 Var.: kommt, *sagte er,*
2 Var.: *die* seines

Ein Theoretiker des Willens

Auf einem Blatt Papier hat Proust einen Titel und einen Autor notiert, »*La Volonté de la métamorphose* von Joseph Baruzzi [*sic*]«.

Es handelt sich um Joseph Baruzi, *La Volonté de la métamorphose*, 1909, dann 1911 bei Bernard Grasset erschienen.

Was hat der Schriftsteller Proust aus dieser Lektüre gewinnen können?

Ganz offensichtlich wird in diesem Buch hauptsächlich auf den Schopenhauer'schen Willen Bezug genommen.[1] Aber gelegentlich zitiert der Autor auch Nietzsche[2], *Materie und Gedächtnis* von Bergson[3], in Anspielungen Kant: »keine Empfindung ist möglich außer der von im Raum umschriebenen und von der Zeit bestimmten Phänomenen«.[4] Eine indirekte Beschreibung der Monadologie von Leibniz[5] führt zu folgender Bemerkung, die den Kern der Proust'schen Ästhetik trifft: »Es sieht ganz so aus, als ob unsere innerste Anstrengung darin bestünde, ein Bild der Welt zu sammeln, das in keinem anderen Wesen gezeichnet werden konnte«[6], und in der diese Maxime aus der *Wiedergefundenen Zeit* vorgedacht ist: »Was wir nicht durch unser persönliches Bemühen erst haben entziffern, erst haben aufhellen müssen, was schon klar war, ehe wir darauf stießen, gehört uns nicht eigentlich an. Aus uns selbst kommt nur, was wir ganz al-

1 *La Volonté de la métamorphose*, a. a. O., S. 108-111: es handelt sich um die Theorie der Liebe nach Schopenhauer (zusammengefasst, aber nicht genannt).
2 Ebd., S. 127-129.
3 Ebd., S. 132f.
4 Ebd., S. 140.
5 Ebd., S. 136f.
6 Ebd., S. 157.

lein aus dem Dunkel unseres Inneren herausholen und was den anderen unbekannt ist.«[1]

Dieses Buch könnte für Proust sein problematisches Verhältnis zu Schopenhauer erhellt haben. Problematisch deshalb, weil seine unerschütterliche Überzeugung, dass künstlerisches Schaffen aus einem streng individuellen Bestreben erwächst (wie oben gesehen, interessieren ihn Carlyle und Emerson als Vertreter einer solchen Überzeugung), nicht mit dem Schopenhauer'schen Konzept des Willens in Einklang zu bringen ist, wonach sich in jedem einzelnen Geist eine alles umfassende Lebenskraft individualisiert. Wenn sich die Metaphysik der Liebe und die der Musik im Sinne Schopenhauers in »Eine Liebe Swanns« noch vereinen, so scheint der Bruch beim Anhören des Septetts in *Die Gefangene* besiegelt, »als ob ungeachtet aller noch so zwingenden Schlußfolgerungen der Naturwissenschaft das Individuelle gleichwohl existierte«.[2] Nun sucht Joseph Baruzi offenbar gerade den Schopenhauer'schen Willen mit der Individualität zu versöhnen: »Wenn tatsächlich eine höchste Kraft, bei jedem Wesen von anderer Intensität, über das Geheimste in jedem von uns wacht – eine Kraft voller überraschender Schliche und eigenwilliger Zumutungen, ohne jede Kontinuität –, wie sollte sie sich überall, bei jedem Menschen, in gleicher Weise ausprägen? Von nun an verschafft sie sich durch die lebhafte Erfindung von Körper und Geist dauerhaften Ausdruck, ohne sich aber gänzlich dem Gebaren oder dem Geist zu überantworten, in denen sie flüchtig Gestalt gewinnt. Gleichwohl wird sie ohne Unterlass durch den vielfältigen Gestus, in dem sie sich entfaltet, entweder vergrößert oder eingeschränkt. In diesem Sinne formulieren bislang unerhörte und nur einmalig verwendbare Begriffe für jeden Menschen in steter Veränderung und als dynamisch variable Gleichung ein Problem, das

1 Marcel Proust, *Die wiedergefundene Zeit*, S. 278.
2 Marcel Proust, *Die Gefangene*, S. 363.

sich nur dieses eine Mal stellt.«[1] Um diesen Prozess wiederzugeben, wird Proust die Metapher des Kaleidoskops entwickeln. Der Essayist wiederum schließt: »wie man sieht, bildet in jedem Menschen dasjenige das Bedeutsamste, was auf nichts anderes zurückführbar ist«.[2] Und das ist auch für Proust das Bedeutsame.

Diese philosophische Abhandlung gibt dem künftigen Romancier ein Mittel an die Hand, um seine Figuren zu entwerfen, was sehr viel später der Erzähler in der *Gefangenen* erläutern wird: »[I]ch, der ich so viele Jahre hindurch das wirkliche Leben und Denken der anderen Personen nur in der unmittelbaren Aussage gesucht hatte, die sie mir von sich aus gewährten, war durch ihre Schuld dazu gelangt, Bedeutung nur solchen Zeugnissen beizumessen, die kein rationaler oder analytischer Ausdruck der Wahrheit sind; die Worte selbst gaben mir Auskunft nur unter der Bedingung, daß sie in gleicher Weise interpretiert wurden wie das Einströmen des Blutes in das Gesicht einer Person, die in Verwirrung gerät, oder ein plötzliches Schweigen.«[3] Der Philosoph seinerseits unterstrich: »Man dringt in eine bestimmte Empfindung oder Ansicht eines fremden Menschen nur ein, wenn man deren Zusammenhang mit einer bestimmten vertrauten Haltung dieses Menschen, einer bestimmten Modulation seiner Stimme oder einem bestimmten Zucken seiner Augen entdeckt. Nur dann wird der Bewusstseinszustand, von dem durch Worte oft nur Banales zum Ausdruck kam, in dem erfasst, was er an Einzigartigem und Unreduzierbarem birgt. Er wird in ein Drama versetzt, das, ob prachtvoll oder schäbig, keinem anderen gleicht und in dem er ein Moment bildet. Ein Drama, das von der Figur, deren Abenteuer es nachzeichnet, meist nicht geahnt wird. Es stellt dar, wie

1 *La Volonté de la métamorphose*, a. a. O., S. 122f.
2 Ebd., S. 157.
3 Marcel Proust, *Die Gefangene*, S. 120f.

ein im Menschen liegendes dunkles Streben mit allen Mitteln versucht, über eine Reihe von Missgeschicken oder Erfolgen klarere Form zu gewinnen.«[1] Der Weg des Proust'schen Erzählers wird sein, die Menschen hinter ihrem Anschein zu entziffern.

Wenn verlorene und wiedergefundene Zeit im Sinne Prousts auch von niemandem zuvor formuliert worden waren und erst die *Recherche* eine für diese beiden Vorstellungen spezifische theoretische, romaneske und imaginative Dimension vermittelte, so deuten sich doch in der Abhandlung von Joseph Baruzi die Wege an, die zu den beiden gegensätzlichen Polen führen.

Das Verharren des Helden in der Ära der verlorenen Zeit zeichnet sich anhand vielfältiger Wendungen ab: »alles Mögliche, das wir in uns tragen und das dumpf darüber klagt, sich nicht zu verwirklichen«;[2] »was mehr als alles andere einen jeden charakterisiert, das sind *seine nutzlosen Gedanken*«;[3] oder auch: »unsere psychische Kraft hängt von dem Unvollendeten ab, das wir in uns tragen«.[4]

Aber zu achten ist auf »jenen konfusen und intermittierenden Sinn«, der »vielleicht mit dem rätselhaften Schöpferwillen zusammenfällt«.[5] Dem Begriff der *Intermittenz*, der Arrhythmie, des Flimmerns wird bei Proust eine folgenreiche Bedeutung zukommen; die hatte er bereits im Unterricht von Alphonse Darlu am Lycée Condorcet. Die Zerstreuung in der verlorenen Zeit bildet in diesem Sinne nur die Vorbereitung auf eine Vereinigung in der wiedergefundenen Zeit, was, in dieser Epoche vor der *Recherche*, sich so liest: »wir spüren, dass zwischen feindlichen Fragmenten unseres Bewusstseins eine heimliche Freund-

1 *La Volonté de la métamorphose*, a. a. O., S. 112f.
2 Ebd., S. 21.
3 Ebd., S. 27.
4 Ebd., S. 29.
5 Ebd., S. 75.

schaft besteht und dass unsere zerstückelten Ereignisse eine einzige Geschichte bilden«.[1]

Die wiedergefundene Zeit wird durch das Gedächtnis wiederhergestellt – durch eine bestimmte Form desselben. Joseph Baruzi entnimmt Schopenhauer zwei Gedächtnisformen: »Um unsere Vorstellung zu werden, musste sie [die Welt] zunächst in gewissem Maße unser Wille sein. Unsere Fortdauer ist uns bewusst und wir fühlen die Gegenwart des Universums, weil die Vergangenheit in uns nicht nur bewahrt wird, sondern weil unterhalb des bruchstückhaften und präzisen Gedächtnisses eine diffuse Pracht, ein Gemenge an undatierten Erinnerungen, ein unvordenkliches Gedächtnis anbrandet«.[2] Und so zeichnet sich die Vor-Proust'sche Definition einer *unwillkürlichen Erinnerung* ab: »Wer von uns, der sich über seine Vergangenheit beugt, findet darin nicht hier und dort, zwischen verstümmelten Resten, die eine oder andere noch unversehrte Spur, das eine oder andere Ereignis, das seine gebieterische Statur über die Monotonie der Tage erhöbe? Unauslöschliche Bilder, von denen die winzigsten Einzelheiten wiedererscheinen. Aber während sie ihr Relief schärfen und ihre Ecken und Kanten betonen, setzen sie gleichzeitig eine tanzende Phantasie und einen launischen Schwarm um sich herum in Bewegung, die herumwirbeln und uns entgegenfliegen. Noch in unseren Stunden größter Niedergeschlagenheit verbreiten sie das Dröhnen unseres einstigen Lachens und den Flügelschlag der Begierden, die wir verkannten. Wir haben nur einen winzigen Teil der in uns angelegten Möglichkeiten zu verwirklichen gewusst. Und sie überbringen uns den Seufzer all der Wir selbst, die wir geopfert haben.«[3]

1 Ebd., S. 13.
2 Ebd., S. 8.
3 Ebd., S. 10f.

Diese Art unwillkürliche Erinnerung präfiguriert jene von Proust durch die Anziehungskraft, die ihr erlaubt, vom Wiederaufleben einer ganz bestimmten Erinnerung aus all das zusammenzuführen, was diese Erinnerung umgab. Allerdings ist der Weg von diesen fluktuierenden Reflexionen zu der durch die Madeleine wiedererweckten Erinnerung noch weit. Sollte Prousts Kenntnis dieses philosophischen Werks nirgends sonst als auf diesem Stück Manuskript von seiner Hand belegt sein, ist der Einfluss seiner Lektüre wohl kaum entscheidend.

Dessen ungeachtet ist festzuhalten, dass Proust noch lange nach dem Abschluss seines Lizentiats an der Sorbonne (1895) philosophische Veröffentlichungen aufmerksam verfolgte – *La Volonté de la métamorphose* war 1909 und 1911 erschienen. Es wäre demnach falsch zu behaupten, der Romancier hätte den Philosophen in sich endgültig ausgetrieben. Wie imposant auch immer, entwickelt hat sich die Inszenierung der unwillkürlichen Erinnerung anhand der Madeleine-Episode im wohlinformierten Umfeld dessen, was über diese Fragen zur Zeit der *Recherche* geschrieben wurde.

Vor »Lange Zeit bin ich früh schlafen gegangen«

Wir besitzen schon viele Entwürfe des allerersten Anfangs von *Unterwegs zu Swann.*[1] Mehrere lose Blätter bereiteten diesen Beginn ebenfalls vor. Hier das erste:

»Lange Jahre hindurch las ich jeden Abend, wenn ich schlafen gegangen war, einige Seiten einer Architekturabhandlung, die neben meinem Bett lag, dann, oft, die Kerze war kaum gelöscht, fielen mir die Augen so rasch zu, dass [*abgebrochen*].«

Und das zweite: »Viele Jahre hindurch, wenn ich abends schlafen gegangen war, die Kerze war kaum gelöscht, fielen mir die Augen oft so rasch zu, dass keine Zeit blieb, mir zu sagen: ich schlafe ein. Und eine halbe Stunde später weckte mich der Gedanke, dass es Zeit sei, den Schlaf zu suchen, ich wollte das Licht ausblasen, die Zeitung, die ich noch in der Hand zu halten wähnte, fortlegen; im Schlaf hatte ich weiter an das gedacht, wovon sie sprach, stellte mir aber vor, ich selbst sei die neue Symphonie, die Abgeordneten, die gegen den Minister gestimmt hatten [*abgebrochen*].«

Noch eine Version: »Früher[2], die Kerze war kaum gelöscht, fielen mir die Augen so rasch zu[3], dass keine Zeit blieb, mir zu sagen, ich schlafe ein, und oft weckte mich die Vorstellung, es sei Zeit, den Schlaf zu suchen, eine halbe Stunde später wieder auf; ich wollte das Buch[4], das ich noch in der Hand zu halten wähnte, fortlegen und das Licht ausblasen; im Schlaf hatte ich an die Seiten gedacht, die ich gelesen hatte, aber ich hatte keinen Zweifel, dass ich selbst es sei, wovon sie sprachen, eine

1 Siehe *Recherche*, Bd. I, S. 633-658; dt. auszugsweise unter »I. Entwürfe zur Eingangssituation aus dem 3. cahier«, in: *Gegen Sainte-Beuve*, S. 47-53.

2 Var.: *Viele Jahre hindurch*

3 Var.: *schlief ich* so rasch *ein*

4 Entwurf: ich wollte *mein Licht auslöschen auspusten*

Kirche, ein Quartett, der [*unleserliches Wort*] zwischen zwei Frauen.«

Diese Versionen enthielten sehr viel mehr Bezüge auf eine Situation, die sich einstellen kann, was die endgültige Fassung verweigert: *lange Zeit* wird absichtlich vager bleiben als *lange Jahre hindurch* oder *viele Jahre hindurch*, *jeden Abend* führte eine erlebte Zeitlichkeit ein, *als ich schlafen gegangen war* ließ den Helden sichtbar werden, die Tempora waren die der Erzählung; wohingegen das Perfekt der endgültigen Fassung lediglich einen direkten Bezug zwischen dem Helden und dem Erzähler herstellt, wobei Letzterer in einem rätselhaften Heute eine Bilanz seiner vergangenen Erfahrung zieht.

Das Gleiche ließe sich bei einem ersten Entwurf der Madeleine-Episode feststellen, die den Erlebnisrahmen der Szene konkreter gestaltet: »Das passiert mir in Hinblick auf Combray. Vor einigen Jahren war der Winter sehr kalt. Als ich eines Tages bei drohendem Schneefall nach Hause kam und das Feuer nicht zog[1] und mich nicht wärmen konnte, sagte Françoise, dass sie mir ein bisschen Tee zubereiten würde.«

Sind diese Einzelheiten unauffällig entfernt, steht dem Erzähler, oder vielmehr dem von Marcel Muller so bezeichneten intermediären Subjekt[2], eine weniger lokalisierbare, rätselhaftere und dadurch souveränere Situation zur Verfügung.

Die Leseeindrücke, die in den Gedanken des Einschlafenden herumgeistern, könnten eine diskrete Reminiszenz an das Drama des Zubettgehens einst in Combray sein, das ein Entwurf präzisiert: »ich bemühte mich, einige Zeilen zu lesen, schöne Rosen anzuschauen, einem Klavier zu lauschen, das im Nebenhaus zu hören war, doch wenn man zu viel Kummer hat, vermag nichts ins Herz vorzudringen«.

1 Var.: *nicht loderte*
2 *Les Voix narratives dans la »Recherche du temps perdu«*, Genf: Droz, 1965.

Die Erwähnung des Klaviers könnte nahelegen, dass die Szene in Combray zunächst in einer größeren Stadt angesiedelt war. Am Boulevard Haussmann 102, in der Wohnung, die Proust sehr viel später bewohnte, hatte er eine erfahrene Pianistin, Madame Williams, zur Nachbarin.[1]

1 Siehe seine *Lettres à sa voisine*, Paris: Gallimard, 2013 [deutsch: *Briefe an seine Nachbarin*. Aus dem Französischen von Bernd Schwibs. Berlin: Insel, 2021].

Eine der ersten Seiten von Unterwegs zu Swann

In einer älteren Skizze auf losen Blättern lautet die berühmte Stelle, die mit »Im Schlaf versammelt der Mensch«[1] beginnt:

> Im Schlaf versammelt der junge Mann mit ausgebreiteten Armen um sich im Kreise den Lauf der Stunden, die Ordnung der Jahre und Welten. Er zieht sie beim Erwachen zu Rate[2], doch ihre fragilen Ordnungen können zusammenbrechen, durcheinandergeraten.[3] Sei es,[4] dass der Schlaf ihn abrupt ereilt hat, als er auf einer Seite lag, auf der er gewöhnlich nicht schläft[5], und schon fallen Myriaden von Sternen auf die Erde und erlöschen, obwohl die Nacht kaum begonnen hat[6] und sie in ihrem hellsten Glanz am Himmel strahlen. Und[7] wenn er dabei erwacht[8], wird er sich einbilden, dass es bereits Morgen ist. Wenn ihn hinwieder gegen Morgen, nachdem er eine Weile schlaflos dagelegen hat, der Schlummer beim Lesen[9] in einer ganz anderen als seiner normalen Schlafstellung überfällt, dann genügt das Heben eines Arms, um die Sonne[10] in ihrem Lauf anzuhalten, sie rückwärtsgehen zu lassen, und wenn er die Augen wieder öffnet[11], wird er, bevor er wieder richtig sieht, glauben, er sei eben erst zu Bett gegangen. Wenn

1 *Unterwegs zu Swann*, S. 9.
2 *Er … zu Rate*: interlineare Einfügung
3 Entwurf: durcheinandergeraten. *Wenn er sich bewegt, wenn er seine Glieder verbiegt*
4 Entwurf: Sei es, *dass er einschlummert*
5 Entwurf: nicht *zu bleiben gedachte*
6 Entwurf: es *der Augenblick* ist
7 Entwurf: Und *nach einigen Augenblicken*
8 Entwurf: *aus diesem ersten Schlaf* erwacht
9 Var.: *wenn er liest*
10 Entwurf: die *aufgehende* Sonne
11 Var.: *öffnen wird*

er in einer noch unüblicheren, völlig ausgefallenen Stellung einschlummert, etwa nach dem Abendessen im Lehnstuhl des Salons, dann[1] ist das Durcheinander in den aus der Bahn geworfenen Welten vollkommen. Der Zaubersessel lässt ihn im Nu Orte und Tage überspringen, und beim Erwachen ist ihm[2], als sei es einige Monate früher und er im Seebad.

1 Entwurf: dann ist *die Ordnung der Welten*
2 Entwurf: ist ihm, *in einem Bett liegend*

Chronik der Familie Swann

Verschiedene Skizzen auf losen Blättern zielten darauf ab, die Informationen über Swann und seine Familie zu erweitern.

»Mein Großvater hatte Monsieur Swann, den Vater, gut gekannt. Er erzählte uns oft von ihm, von seiner tiefen, aber sonderbaren Sensibilität.«

In diesem Sinne bemühen sich drei Blätter, den gesellschaftlichen Aufstieg von Swanns Mutter zu beschreiben.

Aus dem Vergleich der Dokumente ging bereits hervor, dass bei Swanns Eifersucht auf Odette auf Elemente aus Briefen Prousts an Reynaldo Hahn von 1895-1896 zurückgegriffen wird.[1] Einer dieser Entwürfe enthält auf einem Blatt eine Zeichnung von Swann mit Hut, betitelt: »Für Reynaldo Hahn«; der Rest des Blattes ist mit Skizzen zu Swann und Odette bedeckt.

Swanns Heirat, die im Hiatus zwischen »Eine Liebe Swanns« und »Namen und Orte: Namen« stattfindet, bleibt ohne Erklärung. Erfolgte sie wegen der erwarteten Geburt von Gilberte? Eine Skizze schlägt folgende Erklärung vor: »Wenige Leute verstanden diese Heirat[2], die doch hätten wissen müssen, dass den alten Beziehungen etwas von der Süße und Kraft von Familienzugehörigkeit innewohnt. Odette [*abgebrochen*].«

Möglicherweise kann eine ganz allgemeine Äußerung in einem Brief vom Dezember 1917 an die Prinzessin Soutzo in diesem Sinne interpretiert werden: »ich weiß, dass Ideen, selbst wenn sie missachtet werden, in dem Geist, in den sie eingeführt wurden, nicht sofort vergehen, dass sie dort ihren Einfluss aus-

1 Siehe *À la recherche du temps perdu*, Bd. I, Anmerkung zu »Un amour de Swann«, S. 1181-1183. [Siehe dazu Marcel Proust, *Briefe 1*, sowie Marcel Proust, *Der Briefwechsel mit Reynaldo Hahn*, herausgegeben und übersetzt von Bernd-Jürgen Fischer, O. O.,: Reclam, O. J.; A. d. Ü.]

2 Entwurf: diese Heirat, *obwohl es doch so einfach ist*

üben«.[1] Bereits im Juni 1897 hatte Proust an Robert de Montesquiou geschrieben: »da die Abfolge der Umstände nur ein weiterer Aspekt der Entwicklung unserer Natur ist, wird alles, was Wunsch war, zur Tatsache. *Allerdings dann, wenn man es nicht mehr wünscht.*«[2]

1 *Correspondance*, Bd. XVI, S. 337.
2 *Correspondance*, Bd. II, S. 197; Hervorhebung durch Proust.

Die männlichen Vorbilder von Gilberte

In »Das Geschenk der Feen« zeichnet sich, wie gesehen, die Episode aus dem dritten Kapitel von *Unterwegs zu Swann* ab, in der der Held ängstlich nach dem Wetter Ausschau hält, da davon die Möglichkeit abhängt, in den Anlagen der Champs-Élysées Gilberte wiederzutreffen. »Wenn also das Wetter zweifelhaft war, blickte ich von früh an schon fragend zum Himmel und achtete auf alles, was ein Vorzeichen sein konnte. Wenn ich bemerkte, daß die Dame von gegenüber nahe beim Fenster stehend ihren Hut aufsetzte, sagte ich mir: Die Dame drüben geht aus, also ist offenbar Ausgehwetter; warum sollte Gilberte es nicht wie jene Dame machen?«[1]

Wir wissen jetzt, dass diese Episode sich schon sehr viel früher abgezeichnet hat (zu einer Zeit, da der junge Schriftsteller ähnliche Erfahrungen machte): »In dem Alter, in dem die kleinen Jungen[2] lachen und spielen, wirst du über die Regentage weinen, weil man dich nicht in die Anlagen der Champs-Élysées führt, wo du mit einem kleinen Mädchen[3] spielen wirst, das du lieben wirst und das dich schlagen wird, und an den Sonnentagen, an denen ihr euch sehen werdet, wirst du weiter traurig sein darüber, dass du es nicht so hübsch[4] findest wie in den Vormittagsstunden, in denen du, allein[5] in deinem Zimmer, auf den Augenblick[6] wartetest, es[7] zu sehen.« Gilberte war ein kleiner Junge, und folglich gebot es die Vorsicht, dass die Figur ein jun-

1 *Unterwegs zu Swann*, S. 571.
2 Var.: *kleinen Mädchen*
3 Var.: *einem kleinen Jungen*
4 Var.: *ihn* nicht so hübsch
5 Var.: *allein [weibliche Endung im Französischen]*
6 *auf den Augenblick*: interlineare Einfügung
7 Var.: *ihn*

ges Mädchen wurde. Die Grobheit des Spielkameraden wird in *Unterwegs zu Swann* angepasst und abgemildert: »[Gilberte], die vielleicht schon in den Anlagen der Champs-Élysées war und mir, sobald ich ebenfalls da wäre, sagen würde: ›Nun wollen wir aber auch sofort mit dem Barlauf anfangen. Sie gehören zu meinem Lager‹«.[1]

Die alte Geschichte lieferte die erlebte Episode, die durch die Romanerfindung überdeckt werden wird.

Gegen Schluss von *Die Flüchtige* hält sich der Held in Tansonville bei Gilberte auf, die mit Saint-Loup verheiratet ist. Beim Spaziergang in der Gegend von Combray entdeckt er, dass die beiden »Richtungen« beziehungsweise »Seiten« oder »Welten«, die von Méséglise (oder von Swann) und die von Guermantes, so unversöhnlich gar nicht waren: »Ich erinnerte mich [...], daß sie mich [...] bei den Gesprächen, die wir auf diesen Spaziergängen führten, manchmal recht in Erstaunen versetzte. Einmal, beim erstenmal, sagte sie zu mir: ›Wenn Sie nicht zu großen Hunger hätten und es nicht so spät wäre, könnten wir, wenn wir diesen Weg zur Linken nehmen und uns dann nach rechts wenden, in weniger als einer Viertelstunde in Guermantes sein.‹«[2]

In den frühen Skizzen heißt die Seite von Guermantes noch die Seite von Villebon, was die Szene in der realen Umgebung von Illiers ansiedelt. Aber eine Skizze ging hier noch weiter: »Ich [bin] erstaunt, von meinem Fahrer zu hören, dass man, wenn man von Chartres rechts ab die Straße nach Nogent-le-Rotrou nimmt und dann zwei oder drei Mal nach links abbiegt, am Schloss von Villebon ankommt. Für mich ist das so, als sagte man mir, dass man, nachdem man einen ersten, dann einen zweiten Weg genommen hat, im Land der Träume ankommt.«

1 *Unterwegs zu Swann*, S. 572.
2 *Die Flüchtige*, S. 407.

Gilbertes Vorläufer ist hier Alfred Agostinelli. Prousts Chauffeur, der ihn von Cabourg nach Caen fuhr – was 1907 den Stoff für den Artikel »Tage im Automobil« geliefert hat (der 1913 in die Episode mit den Kirchtürmen von Martinville in *Unterwegs zu Swann* transponiert wird) –, soll hier den erwachsen gewordenen Helden in die Umgebung von Illiers, das bald Combray geworden sein wird, spazieren fahren.

Der Käfig des Kardinals La Balue

Der Held von *Im Schatten junger Mädchenblüte* ist gleich beim Eintreffen im Grand Hôtel von Balbec einer Prüfung ausgesetzt, nämlich der für ihn ungastlichen Neuheit seines Zimmers, was zu einem pittoresken geschichtlichen Vergleich führt: »Ich hätte mich gern wenigstens einen Augenblick auf meinem Bett ausstrecken mögen, aber wozu, da ich dort doch nicht jener Vielheit der Empfindungen hätte Ruhe gebieten können, in denen für jeden von uns das Körperbewußtsein enthalten ist, wenn nicht der Körper selbst; da aber die unbekannten Gegenstände, die ihn einkreisten, ihn zwangen, seine Wahrnehmungen im Zustand permanenter Abwehrbereitschaft zu halten, wurden meine Augen und mein Gehör, alle meine Sinne zu einer so gedrückten und unbequemen Lage (selbst bei ausgestreckten Beinen) verurteilt, wie die des Kardinals La Balue in dem Käfig es war, in dem er weder stehen noch sitzen konnte.«[1]

In einer Anmerkung[2] wird uns mitgeteilt, dass der Kardinal La Balue zwar auf Befehl von Louis XI. im Schloss von Loches eingekerkert wurde, die Historiker freilich ihre Zweifel hätten, dass das in einem Eisenkäfig war.

Proust wiederum hatte keinen Grund, daran zu zweifeln, hatte er doch 1906 am Boulevard Haussmann 102 eine Postkarte aus Loches (Indre-et-Loire) erhalten (siehe Abbildung 3), mit der Aufschrift: »Authentische Abbildung des echten Käfigs aus Eisen und Holz, in den Louis XI. den Kardinal La Balue im Donjon einsperren ließ. Dieser Käfig wurde im Freudenfeuer des 14. Juli 1791 zerstört und verbrannt.«

1 *Im Schatten junger Mädchenblüte*, S. 344.
2 *À la recherche du temps perdu*, Bd. II, S. 1352, Anmerkung 1 zu S. 27.

Im Schatten junger Männerblüte

Bei einem seiner Aufenthalte in Cabourg schrieb Proust auf einem Blatt mit dem Briefkopf des Grand Hôtel (siehe Abbildung 4) eine Ode an eine Gruppe junger Golfer, darunter Marcel Plantevignes (1889-1969), Autor eines dicken Erinnerungsbuchs, *Avec Marcel Proust*.[1] In einer am 23. März 1966 aufgenommenen Radiosendung behauptete Plantevignes, er habe Proust den Titel *À l'ombre des jeunes filles en fleurs* (*Im Schatten junger Mädchenblüte*) nahegelegt. Proust hatte die Gruppe während des Sommers 1908 kennengelernt. Ein Brief vom April 1918 an Charles d'Altron weckt die durch den Krieg gefilterte Erinnerung daran: »Von Cabourg weiß ich nichts mehr, da ich Paris seit dreieinhalb Jahren nicht mehr verlassen habe. Oder vielmehr, Foucart kommt bei jedem Urlaub, und das ist wieder wie Cabourg. Guy Delaunay, Pierre Parent, Wessbecher haben manchmal von sich hören lassen. Sie haben sicher erfahren, dass der arme Marcel Plantevignes im Sterben lag; nach zwei Jahren zwischen Leben und Tod geht es ihm jetzt offenbar recht gut.«[2] 1908 notierte Proust im *Carnet 1*: »Besser lieben, was aus der Gegend ist, Plantevigne, Foucart«.[3]

'nen Monat fern der Damen vom Faubourg
Denk ich heut Abend, Jungens von Cabourg,
An euch. Wollt ihr in fernen Tagen,
Wenn ich schon abgeschieden bin,
Mehr als *ein* Buch von mir im Herzen tragen?

1 Marcel Plantevignes, *Avec Marcel Proust, causeries, souvenirs sur Cabourg et le boulevard Haussmann*, Paris: Nizet, 1966.
2 *Correspondance*, Bd. XVII, S. 173.
3 *Carnets*, S. 41.

Noch sind sie fremd, die Namen Delaunay[1], Gobert[2] –
Was, wenn ein Dichter drunter wär?
Vielleicht ein Geist, der nach mir käme
Und meine Traumwelt auseinandernähme?
Wer weiß, ob Zukunft hinter eurem Lachen
Nicht Großes, Ernstes birgt, und solche Sachen,
Und ob aus eurem Golfsport nicht demnächst
Ein Dichtersmann aus Neigung wächst.

Ich bin wie ihr nicht fehlerfrei
Drum schient ihr mir wie allerlei:
Ihr Parents[3], Donons[4] und Foucarts
Ihr Delaunays, ein Einheitsbrei *des arts*.
Ich frag mich, wie zu unterscheiden
Plantevigne von Gobert: Wer weiß zu sagen,
Was ist verschieden zwischen beiden?
Wie Schwalbenschar im Herbste schwärmt,
Mit Flügeln schlägt, beratend lärmt,
So ist's bei euch: ein eifriges Geschrei.
Was war'n den Römern Kimbern und Teutonen?
Sie wussten's nicht, wo diese wohnen.

1 Weder Gobert noch Delaunay werden im Erinnerungsbuch von Marcel Plantevignes genannt. Es handelt sich um Guy Delaunay, sicher der Sohn von Paul Delaunay, der ein Anwesen in Cabourg besaß, »L'Alcyon«. Er wird 1908 im *Carnet 1* erwähnt (siehe *Carnets*, S. 93).

2 Ein Brief an André Foucart vom Juli 1918 (*Correspondance*, S. 328) erwähnt, im Zusammenhang mit Erinnerungen an Cabourg und Umgebung, eine Mademoiselle Gobert, die wohl aus der betreffenden Familie stammte. In einem anderen Schreiben, August 1919, heißt es: »Foucart, Freund von Gobert, den Sie bei mir oder vielmehr bei Ihnen gesehen haben (*Correspondance*, Bd. XVIII, S. 373).

3 Pierre Parent (1883-1964) wurde leitender Bergbauingenieur; siehe den Brief an Louis d'Albufera vom 13. Oktober 1908 (*Correspondance*, Bd. VIII, S. 244f.). Im *Carnet 1* wird er mehrfach erwähnt (siehe *Carnets*, S. 45, 55, 98 und 100).

4 Der Name ist nirgends erwähnt.

Wie Marken, abgelöst von ihren Briefen,
Sie Kimbern für Teutonen riefen.
Wer ist in eurem Zirkel drin?
Ein Club, erfasste ich den Sinn.
Plantevigne leicht erkennbar, rot
Sein Name wie sein Kittel loht.
Den Forscher mimt der Herr Foucart,
Und Parent schaut so sonderbar,
Zuweilen Delaunay allein,
Der blickt nur melancholisch drein:
So klassisch klar von Angesicht
(doch damit, find ich, staubig-schlicht),
Wird er 'ner Schönheit Augenschmaus.
So wandelt er, ein junger Weiser aus
Athen, hell glänzt die Stirn von Geisteslicht,
Doch weiß zugleich sein Opernglas zu richten
Auf einer Schnepfe hübschen Schein,
Actrice ihr Metier – da muss ich lachen,
Doch will ich mich nicht lustig machen:
Pardon, lach du nur meinen Mantel aus –
Dann sind wir quitt, und aus die Maus!
Auf seinen Groll kann ich verzichten:
Zwei hübsche Schwestern hat er, die Gesichter[1]

1 Der Schluss fehlt. Nachdichtung von Wolfgang Kaußen. Im Original lautet das Spottgedicht wie folgt:
Délaissant pour un mois les dames du Faubourg / Ce soir je pense à vous, jeunes gens de Cabourg, / Qui quelque jour peut-être aimeront plus d'un livre / De moi, lorsque j'aurai déjà cessé de vivre! / Sous ces noms inconnus, Gobert ou Delaunay, / Qui de nous sait si un poète n'est pas né, / Ou quelque esprit ami, qui dans mes pages brèves, / Quand je ne serai plus, démêlera mes rêves! / Qui sait si l'avenir, sous vos faces rieuses, / Ne cache pas de grandes choses sérieuses / Et si de ces golfeurs, agrandi par l'amour, / Ne se détachera pas un poète, un jour!

D'abord (j'ai mes défauts si vous avez les vôtres) / Je ne pouvais vous distinguer les uns des autres! / Entre tous les Parent, les Donon, les Foucart, /

»Schient ihr mir wie allerlei ...« Der Erzähler der *Jungen Mädchenblüte* wird, als die kleine Horde am Strand erscheint, festhalten: »in Wirklichkeit [hatte ich] alle erst seit so kurzem wahrgenommen und es noch so wenig gewagt, sie fest ins Auge zu fassen, daß ich noch keine in ihrer Individualität von den anderen unterschied.«[1] Delaunay, der wandelt wie »ein junger Weiser aus Athen«, kündigt die leidenschaftliche Frage des Erzählers an, als dieser sieht, wie sich die jungen Mädchen vom Meer abheben: »Und waren diese hier nicht edel in sich ruhende Muster menschlicher Schönheit, die ich vor dem Hintergrund des Meeres wie besonnte Bildwerke an den Gestaden Griechenlands vor mir hatte?«[2]

Auf ein gleiches loses Blatt mit dem Briefkopf des Grand Hôtel von Cabourg skizziert Proust Äußerungen von Saint-Loup (der zu der Zeit, als Proust dies schrieb, noch Montargis hieß) über die Guermantes und ihr Schloss.[3]

Ou bien les Delaunay, semblait mince l'écart, / Et je me demandais quel infaillible signe / Pourrait bien distinguer Gobert de Plantevigne. / Comme à l'automne on voit tant et tant d'hirondelles / Se joindre, consulter en agitant leurs ailes / Ainsi tous rassemblés en groupes peu modestes / Vous poussiez de grands cris, en faisant de grands gestes! / Et comme les Romains croyaient teutons les Cimbres / Pardonnez-moi je crus à quelque bourse aux timbres! / Puis les mots, criés forts, de golf, de championnat / Me donnèrent le sens vrai de ce pensionnat / À son rouge sarrau je connus Plantevigne, / Que son si joli nom au souvenir désigne. / Foucart a l'air chercheur, Parent l'air sarcastique. / Parfois Delaunay seul et plus mélancolique / Au visage d'une pureté très classique / Un peu sèche à mon sens (oui, mais ce qui vaut mieux / Une dame fort bien lui trouve de beaux yeux) / Se promenait ainsi qu'en Grèce un jeune sage. / Un long reflet pensif éclairait son visage. / Hier à la mascotte il rivait sa jumelle / Sur une actrice affreuse et qui lui semblait belle; / Et si j'en ai souri qu'il me pardonne vite, / Qu'il se moque de mon manteau, nous serons quitte! / Mais je ne voudrais pas de son ressentiment / Parce que ses deux sœurs, aux figures si belles

1 *Im Schatten junger Mädchenblüte*, S. 523.
2 Ebd., S. 525.
3 Ebd., S. 472f.

Die Geographie von Balbec: jedem seinen Platz

Auf sechs verschiedenen Plänen hat Proust den gewundenen Verlauf einer Meeresküste gezeichnet und darauf eng aneinander die Örtlichkeiten um Balbec angeordnet (siehe Abbildung 5). Rivebelle wird darauf mehrfach lokalisiert, aber immer getrennt von den anderen. Nummerierte Anmerkungen erinnern den Romancier an die Funktion von einigen, so Parville, »wohin Albertine mich manchmal begleitet«, Maineville, »wo sie wohnt«, La Sogne, »wo Elstir wohnt«.

Der Strand von Balbec befindet sich an dem einen äußersten Ende der Linie, das alte Balbec am anderen Ende, auf halbem Weg dazwischen liegt Doncières. Cottard wohnt in Doville, die Chevrenys in Épreville; La Raspelière und die Cambremers befinden sich in Égleville. La Sogne, Maineville und Parville liegen ganz nah beieinander, Parville, »bis wohin Albertine mich manchmal begleitet«. Es wird angegeben, dass der Baron de Charlus in Saint-Mars-le-Vieux wohnt.

In der veröffentlichten Fassung des Romans werden diese Örtlichkeiten als Stationen der regionalen Kleinbahn erwähnt, ohne immer den Zusammenhang mit den Figuren des Romans anzugeben.

Die Bandzählung der Recherche

Heute lesen wir *À la recherche du temps perdu* in sieben Einzelbänden. Bei der ersten Veröffentlichung des Romanzyklus traf diese Einteilung nicht zu – und schon gar nicht bei dessen Ausarbeitung. Im Editionsplan von Bernard Grasset sollte auf *Du côté de chez Swann* unmittelbar *Le Côté de Guermantes* folgen; in den letzten Veröffentlichungen zu Lebzeiten Prousts sind die Bände zerlegt, *Le Côté de Guermantes II-Sodome et Gomorrhe I* erscheinen gemeinsam 1921, *Sodome et Gomorrhe II* 1922. Nach Prousts Tod wurde der Romanzyklus neu in sieben den Titeln entsprechenden Bänden angeordnet, und so kam die These auf[1], dass die auf diese Weise erhaltene Zahl sieben (symbolisch dem Septett Vinteuils entsprechend) gegenüber den Absichten Prousts, der eine größere Anzahl von Bänden im Sinn gehabt hätte, künstlich und postum sei.

Anhand mehrerer bisher unveröffentlichter Briefwechsel zwischen Proust und seinen Verlegern Grasset, dann Gallimard lassen sich diese Befunde nuancieren.

Zum einen geht man heute davon aus, dass Proust von Grasset *gezwungen* wurde, seinen ersten Band, *Du côté de chez Swann*, um ca. zweihundert Seiten zu kürzen, um diesen Band der *Recherche* in einem annehmbaren Umfang zu belassen. Das könnte man etwa aus einem substantiellen Brief des Romanciers an Jacques Rivière vom 6. Februar 1914 schließen; darin bezeichnet er die letzten Seiten des Bands als jenen »Einschub über den Bois de Boulogne, den ich dort wie einen simplen Wandschirm aufgebaut habe, um ein Buch zu beenden und abzuschließen,

1 Siehe Nathalie Mauriac Dyer, »Le cycle de *Sodome et Gomorrhe*: remarques sur la tomaison d'*À la recherche du temps perdu*« (*Littérature*, Nr. 92, 1988, S. 62-71).

das aus äußeren Gründen fünfhundert Seiten nicht überschreiten durfte«.[1] Während der Herstellung des Bandes war in einem Brief an Bernard Grasset von Anfang Juni 1913 dennoch bereits die Rede von »der Befürchtung, dass wir an das Ende eines Bandes von gewaltigem Umfang anlangen, ohne dass der Stoff des ersten Bands vollendet wäre. Das wäre nun nicht nur sehr ärgerlich; aber wenn es unvermeidlich ist, wäre es von Vorteil, es zu wissen, denn das würde zwangsläufig die Titel der Teile usw. verändern, die Aufteilung des Ganzen wäre verändert, um das Gleichgewicht nicht zu sprengen.«[2]

Die Realität sieht also etwas anders aus. Das Problem wird während der ersten zwei Juliwochen 1913 mit Bernard Grasset geregelt.[3] Am 2. Juli antwortet Grasset Proust:

»Ich verstehe den von Ihren Freunden erhobenen Einwand sehr gut: es ist offensichtlich, dass ein Buch von 700 Seiten schwer zu vertreiben ist, aber andererseits muss ein Buch auch ›ein Buch‹ sein, das heißt etwas Ganzes, sich selbst Genügendes. Das Problem der ›Aufteilung‹ kann mithin nur von Ihnen selbst gelöst werden, und meine Meinung zu den zwei mir von Ihnen unterbreiteten Lösungen ist natürlich dieser Frage der Aufteilung, die Sie allein lösen können, untergeordnet.

1. Lösung. *Den Band von 700 Seiten in zwei Bänden von je 350 Seiten drucken, die zusammen verkauft werden.*[4]

1 *Briefe 2*, S. 895.

2 *Correspondance*, Bd. XII, S. 189f.

3 Wie ein Brief an Grasset zeigt, war das Problem bereits im Februar 1913 aufgeworfen worden (*Correspondance*, Bd. XII, S. 98-100).

4 Da die Briefe Bernard Grassets an Proust bis dahin unbekannt waren, ist verständlich, dass Proust sich zu diesem Zeitpunkt in einem Brief an Louis de Robert, der sein Mittelsmann war, für diesen Vorschlag erwärmt: »Der Band wird nicht achthundert Seiten haben, sondern ungefähr sechshundertachtzig. Wenn Sie dem größere Bedeutung beimessen, werde ich mich

Diese Lösung befriedigt mich überhaupt nicht; denn sie hat denselben Nachteil hinsichtlich des *Stoffes* und stellt für den Vertrieb dieselbe Hürde dar, dass nämlich der Preis für denselben Stoff dann 7 Francs beträgt. Statt 3,50. Ich möchte hinzufügen, dass es derzeit völlig unüblich ist, Werke in mehreren Bänden zu verkaufen, wenn der erste Band lediglich einen Anfang darstellt und der zweite Band dessen *notwendige* Fortsetzung ist.

Diese Aufteilung in zwei Bände von je 350 Seiten wäre möglich, wenn die beiden nicht zusammen verkauft würden, eine Lösung, die nur möglich ist, wenn jeder der beiden Bände sich selbst genügt; natürlich, wenn diese Voraussetzung erfüllt werden könnte, sollten wir an der Lösung der beiden Bücher zu 350 Seiten festhalten.

2. *Drei Bücher von je 500 Seiten herstellen, wobei das erste aus zwei Dritteln des Bands von 700 Seiten besteht; das zweite aus einem Drittel des ersten und einem Drittel des zweiten, und das 3. aus den beiden letzten Dritteln des zweiten.*[1]

Das ist meiner Meinung nach die Lösung, an die wir uns halten sollten, wenn die Aufteilung auf vier Bände von je 350 Seiten, *einzeln vertrieben*, nicht möglich ist, aber auch hier sollten Sie, aus den oben genannten Gründen, das letzte Wort haben.

Kurzum, cher Monsieur, ist der gleichzeitige Verkauf mehrerer Bände meiner Einschätzung nach eine unmögliche Lösung; das ganze Problem beruht in der Aufteilung in Bände,

vielleicht damit abfinden, ihn nicht ganz in der Mitte zu trennen und aus ihm etwa 500 Seiten zu machen« (*Correspondance*, Bd. XII, S. 217 f.).

1 Bei der Rücksendung der Fahnen in der zweiten Maihälfte 1913 hatte Proust präzisiert: »Das Buch wird heißen: *Du côté de chez Swann* für den 1. Teil. Für den zweiten wahrscheinlich: *Le Côté de Guermantes*. Der Haupttitel der zwei Bände: *À la recherche du temps perdu*« (*Briefe 1*, S. 751; Übersetzung leicht verändert).

> von denen jeder möglichst genau drei- bis vierhundert Seiten umfasst und separat vertrieben wird.«[1]

Wie sich aus dem Anfang des Briefs ergibt, ist die Kürzung von *Du côté de chez Swann* auf Betreiben von Proust (auf Anregung seines Umfelds, das sich in diesem Fall vielleicht auf Louis de Robert beschränkt) ins Auge gefasst worden. Der folgende Brief Bernard Grassets vom 12. Juli 1913 lässt erkennen, dass Proust die zweite Lösung gewählt hat:

> »Nach dem, was mir per Telefon mitgeteilt wurde, nehmen Sie also die Lösung der 3 Bücher zu je 500 Seiten an.[2] Das ist natürlich eine der guten Lösungen.
>
> Ich habe noch heute an meinen Drucker geschrieben, damit er mir den Umbruch des Blatts 45 schickt, worum Sie mich gebeten haben.
>
> Es ist also abgemacht, dass Sie mir die 500 ersten Seiten korrigiert zurückschicken, aus denen unser erstes Buch bestehen soll, nachdem Sie alle Änderungen vorgenommen haben, die dessen Einheit sicherstellen sollen.«

1 Alle Hervorhebungen stammen von Bernard Grasset.

2 Louis de Robert hatte Proust allerdings zur selben Zeit ermuntert, die erste Lösung zu wählen, die Grasset am wenigsten gefiel: »ich betone aufs nachdrücklichste: *machen Sie zwei Bände zu je 350 Seiten.* Das werden keine kleinen Bände sein, wie Sie sagen, sondern bereits recht kompakte und schwere und gehaltvolle Bände!« (*Correspondance*, Bd. XII, S. 219; siehe auch S. 239). In einem Brief an Grasset zeitnah an den vorliegenden Brief Grassets, da hier ebenfalls vom 45. Bogen die Rede ist, bei dem aufgehört werden soll, scheint Proust noch an nichts anderes zu denken als daran, nicht die 700 Seiten zu überschreiten: »ich [sehe] jetzt, da ich alle 1. Fahnen erhalten habe, dass der Band mehr als 700 Seiten haben würde, eine Zahl, von der wir gesagt haben, dass wir sie nicht überschreiten dürfen. Ich werde also gezwungen sein, auf den Beginn des 2. Bandes zu verschieben, was ich für das Ende dieses ersten hielt (ein gutes Dutzend Bögen). Aber Sie sind selbst zu sehr Künstler, um nicht einzusehen, dass ein Ende nicht einfach eine Beendigung ist und dass ich das nicht so einfach durchschneiden kann wie ein Stück Butter.« (*Briefe 1*, S. 757f.)

Außerdem entspricht die Aufteilung von *Sodom et Gomorrhe* zwischen der Fortsetzung von *Le Côté de Guermantes* und den drei Bänden des folgenden Jahres nicht notwendigerweise einem überlegten ästhetischen Plan von Seiten Prousts, wie zuweilen behauptet wurde. Das legt die (von uns hervorgehobene) kapitale Aussage nahe, die in einem Brief Gaston Gallimards an Robert Proust vom 26. März 1923 enthalten ist und in der vorgeschlagen wird, alles, was zu *Sodom et Gomorrhe* gehört, in einem einzigen Band zusammenzufassen:

> »Sicher wissen Sie jetzt, unter welchen Bedingungen und mit welchen materiellen Schwierigkeiten der Druck der Werke Marcels erfolgte. Angesichts seiner Art zu arbeiten, dieser völligen Überarbeitung seines Werks noch während der Herstellung, war es zum Zeitpunkt des Satzes unmöglich vorherzusagen, wie dick ein Band werden und wie viele Seiten er haben würde.«

So kommt der Vorschlag, das Ganze zu harmonisieren:

> »Wir würden dennoch nichts an den großen Einteilungen des Werks ändern […]. Ich möchte Ihnen nur vorschlagen, den Band, der *Guermantes II* umfasst, ohne die ersten Seiten von *Sodom et Gomorrhe* zu setzen, die in die Fortsetzung dieses Teils des Werks eingefügt würden.
>
> *Marcel hatte manchmal bedauert, diese Seiten an die vorhergehenden angefügt zu haben*[1]. Tatsächlich ist diese Anfügung willkürlich. Es mag seinen Grund gehabt haben, um damit auf den Zusammenhang zwischen allen Teilen des Werks zu verweisen, aber heute ist der Zusammenhang bekannt genug, sodass ich es vernünftig finde, auf eine rationellere Ausgabe zurückzugreifen, zumal es den Wünschen des Au-

1 Hervorhebung vom Herausgeber.

> tors entspricht. Viele Leser bedauern, keine leichter lesbare Fassung in den Händen zu halten, wie sie es andernfalls sein könnte. Diese Anordnung kompliziert außerdem die Betitelung, stiftet zwangsläufig Verwirrung und schadet dem Verkauf.«

Der inhaltliche Grund ist festzuhalten, nämlich dem dritten Band der Recherche, *Le Côté de Guermantes*, lesbare Autonomie zu verleihen. Doch war Proust, nachdem seine primäre Sorge verflogen war, verständlich zu machen, dass es sich nicht um voneinander unabhängige Romane handelte, offenbar in Gesprächen oder verlorengegangenen Briefen weit davon entfernt, an der 1921-1922 angenommenen Lösung festzuhalten. Die Vereinheitlichung in sieben Bänden resultiert nicht aus einer rein postumen Entscheidung, die seine Absichten und seine Ästhetik verriete.

Die Rufe in den Straßen von Paris

Uns ist ein pittoreskes Dokument erhalten geblieben (siehe Abbildung 6). Aus ihm geht hervor, dass Proust für jene berühmten Passagen aus *Die Gefangene*, in denen der Held vom Bett aus die verschiedenen Rufe der Straßenhändler hört,[1] seinen Concierge ausschickte, sich die Rufe anzuhören und aufzuschreiben. Anhand der Unterschrift des Concierge, A. Charmel, lässt sich diese Erkundung auf die Zeit datieren, in der Proust, vom Boulevard Haussmann verjagt, bei Jacques Porel, dem Sohn der Schauspielerin Réjane, in der Rue Laurent-Pichat 8bis wohnte, und zwar vom 31. Mai bis zum 1. Oktober 1919. Charmel wird in einem Brief an Jacques Porel vom 23. September erwähnt[2], und Porel selbst beschreibt ihn in seinen Memoiren als »einen achtzigjährigen und blond gefärbten Concierge, der wie ein alter, verelendeter Marquis aussah«.[3] In der *Recherche* ist Charmel der Name eines der Diener von Baron de Charlus,[4] der gern gesehen hätte, dass Morel diesen Namen übernimmt.[5] Und so lauten die Notizen:

> Mit einer Mundharmonika oder einer Flöte Melodien seiner Gegend spielend geht der Ziegenhirte vorbei.
> La Valence, schöne Valence, frische Apfelsinen
> Das, Monsieur, sind einige der gebräuchlichsten Rufe und an die ich mich habe erinnern können, wobei ich bedaure, Ihnen nicht die Melodie und die sozusagen unnachahmliche Klangfarbe vormachen zu können, die diese Rufe kennzeich-

1 *Die Gefangene*, S. 162-165.
2 *Correspondance*, Bd. XVIII, S. 401.
3 Jacques Porel, *Fils de Réjane, souvenirs*, Bd. 1, Paris: Plon, 1951, S. 331.
4 Siehe *Guermantes*, S. 783.
5 *Sodom und Gomorrha*, S. 681.

nen. Da ist auch noch der Scherenschleifer, der mit einer Glocke vorbeikommt und ausruft Messer, Scheren, Rasiermesser.
Der Sägenschärfer, der sich begnügt zu rufen
– Mit Sägen zum Schärfen, der Schärfer ist da.
Ich freue mich, Ihnen diese wenigen Notizen zukommen lassen zu können, und verbleibe, Monsieur, mit Dank und ergebensten Grüßen
A. Charmel

Die Rufe in den Straßen von Paris
Fässer, Fässer
[Zeile nicht durchweg verständlich][1]
Gla-ser (zweimal)
Frische und herrliche Muscheln, ahhh Muscheln
Hier frische Makrele, hier Makrele
Weißling zum Backen, zum Braten
Ich habe guten Hühnerdarm für die kleinen Vö-gel
Altkleiderhändler[2], Lumpen, Alteisen zu verkaufen
mit einer Klapper Amüsieren Sie sich, meine Damen, hier ist es, das Vergnügen
Mit einem Horn Haben Sie Stühle zu flechten zu polstern, hier ist der Polsterer
Mit einer Trompete Trimme Hunde, kupiere Katzen, Schwänze und Ohren
Herrlicher cremiger Käse, herrlicher Käse
Ganz zarte, ganz frische Artischocken, Artischocken
Grüne Erbsen, grüne Erbsen, grüne Erbsen im Scheffel
Zarte grüne Bohnen, Bohnen

1 »Voilà le chaud [?] de tonneaux«
2 [Eigentlich »Marchands d'habits«, in der Vorlage »Harchands d'habits«: Dies entspricht dem Originalmanuskript von Charmel (Abbildung 6), in dem der Anfangsbuchstabe M durchgestrichen und durch ein darüberstehendes H ersetzt ist, womit wohl eine bestimmte verzerrte Aussprache wiedergegeben werden sollte; A. d. Ü.]

Mit einer Trompete Ausbesserer von Steingut und Porzellan
Ich repariere Glas
Marmor und Kristall
Gold Elfenbein Alabaster
und Antiquitäten
Hier ist der Restaurator

Der Held, »Marcel« und Proust

Die Frage, in welchem Verhältnis der Held der *Recherche* und Proust stehen, hat viele Analysen und Überlegungen ausgelöst. Der Romancier selbst spricht das Problem an, indem er in einigen Passagen der *Gefangenen* seinen Helden mit Marcel anreden lässt,[1] begleitet von diesem zweideutigen Zugeständnis: »Sie [Albertine] […] sagte: ›Mein‹ oder ›Mein geliebter‹, jeweils zusammen mit meinem Taufnamen, was, wenn man dem Erzähler denselben Vornamen verliehe, den der Verfasser dieses Buches trägt, ergäbe: ›Mein Marcel‹ oder ›mein geliebter Marcel‹« – womit die Information zurückgehalten und zugleich gegeben wird. Der Leser wird noch um einiges verwirrter, wenn er in der *Wiedergefundenen Zeit* zum Satz: »In meiner Jugend besaß ich eine gewisse Leichtigkeit, und Bergotte fand meine Arbeiten aus der Schulzeit ›vollendet‹«, eine Anmerkung des Erzählers liest, die in einer *fiktiven* Autobiographie einigermaßen aus dem Rahmen fällt: »Anspielung auf des Autors Erstlingswerk *Freuden und Tage.*«[2]

Im Zusammenhang mit dem Gespräch über einen Minister und das Spezialgeschäft für venezianische Glaskunst Salviati, das der Held in der *Flüchtigen* in Venedig zwischen dem Marquis de Norpois und der Marquise de Villeparisis belauscht, heißt es in einer Skizze auf einem Blatt Papier:[3]

> Bei ihm war ein französischer Schriftsteller, welcher d'Annunzio, der diese beiden einzelnen Teile Italiens zusammenbringen wollte, mit Dante und sogar mit Vergil verglich. Er

1 Siehe *Die Gefangene*, S. 101 und 219 f.
2 *Die wiedergefundene Zeit*, S. 517.
3 Siehe die entsprechende Szene (aber ohne Nennung des Helden) in: *Die Flüchtige*, S. 320-332.

hat ein sehr gelungenes Pastiche von Vergil verfasst, in dem Aeneas nach Fiume kommt und d'Annunzio erwähnt. Dieser Schriftsteller heißt Marcel, an den Nachnamen erinnere ich mich nicht mehr.[1]

1 Siehe auch *À la recherche du temps perdu*, Bd. IV, S. 703 (Esquisse XVI.2), sowie *Die Flüchtige*, S. 423f. Dieses wiedergefundene Manuskript entspricht dem Text über den Besuch in Venedig, der 1919 in den *Feuillets d'Art* als Vorabdruck erschien. In ihrem Beitrag über Gabriele d'Annunzio (in *Marcel Proust Enzyklopädie. Handbuch zu Leben, Werk, Wirkung und Deutung*, herausgegeben von Luzius Keller, Hamburg: Hoffmann und Campe, 2009, S. 180) hebt Benetta Anguissola hervor, dass es sich bei dem fraglichen Schriftsteller »Marcel« nicht um Marcel Proust handelt, sondern um Marcel Boulenger, einen Mitarbeiter der *Feuillets d'Art*, den Proust aufs Korn nehmen wollte. Da der Erzähler sich von Albertine in *Die Flüchtige* Marcel nennen lässt, bleibt dennoch ein Fragezeichen bestehen.

Sterben

Ein Entwurf, für das Ende von *Die wiedergefundene Zeit* bestimmt, bezeichnet das nachstehende »Stück Sterben« als *capitalissime*, »wenn ich von den Ideen spreche, die ich habe und die ich in einem Buch unterbringen muss, bevor ich sterbe«.

> Sterben? Aber ist diese Idee selbst, die ich ins Buch setze, wo sie bleiben wird, nicht ein Teil meiner selbst? Also wird dieser Teil nicht sterben. Ist er nun nicht der wichtigste, da meine ganze familiäre, amouröse, gesellschaftliche[1] Erfahrung zu ihm hingeführt hat; gewiss wird in dem Buch das Band zerrissen, das jetzt zwischen ihm und meinem Bewusstsein besteht, dass ich krank bin, schlecht schlafe, in der Liebe flatterhaft bin. Aber ist mir nicht anhand von Bergotte klargeworden, dass all das bedeutungslos ist, habe ich nicht versucht, mich davon zu lösen, um diese Ideen zu entwickeln, und muss ich im Gegenteil nicht fürchten, dass sie eher zu viel als zu wenig davon geprägt sind?

1 Var.: gesellschaftliche, *philosophische*

INHALT